W0045445

DON BOSCO
VERLAG

Ich bin ein Schmetterling, Trunken vor Leben.
Ich weiß nicht, wohin ich fliege,
Aber ich werde dem Leben nicht erlauben,
meine farbenprächtigen Flügel zu stutzen.

Janusz Korczak

Hedwig Wilken

Don Bosco

Kursbuch
Sinnes-
förderung

So lernen Kinder sinnenreich leben

**UNSERE
GESUNDE
KITA**

Bibliografische Information Der Deutschen Bibliothek

Die Deutsche Bibliothek verzeichnet diese Publikation in der
Deutschen Nationalbibliografie; detaillierte bibliografische
Daten sind im Internet über http://dnb.ddb.de abrufbar.

1. Auflage 2003 / ISBN 3-7698-1388-X
© 2003 Don Bosco Verlag, München
Umschlag: Margret Russer
Umschlagfoto: Manfred Lehner
Fotos: Inge Sandler (S. 15, S. 43, S. 56, S. 70, S. 74, S. 79, S. 85, S. 110, S. 116, S. 120 (li.),
S. 138), Jannecke Bonthuis (S. 20, S. 72, S. 81, S. 83, S. 125), Hedwig Wilken (alle anderen)
Produktion: Don Bosco Grafischer Betrieb, Ensdorf

Gedruckt auf umweltfreundlichem Papier

Inhalt

KAPITEL 4
Sinnes-Wahrnehmung
Gesundheitsförderung durch sinnenreiche Wahrnehmung . . . .

Gesund-Sein sinnenreich gestalten

Vorwort von Prof. Dr. Monika Fröschl

Was Sie in Ihren Händen halten ist der zweite Band der Reihe »Unsere gesunde Kita«. Der erste Band beschäftigte sich mit der gesunden Ernährung in der Kita, der vorliegende Band stellt die Bedeutung der Sinne für eine gesunde Erziehung vor. Fortgesetzt wird die Reihe mit weiteren Aspekten einer ganzheitlich ausgerichteten Gesundheitspädagogik: mit der Sexualerziehung und der Bedeutung von Raum und Architektur.

Gesund-Sein sinnenreich gestalten mit Kindern – eine lohnenswerte und hoffnungsvolle Aufgabe. Gesund-Sein stellt das Individuum in den Mittelpunkt, nicht das Gut oder die Ware Gesundheit: das Mädchen, den Jungen, die Erzieherin, den Erzieher oder Vater und Mutter. Gesund-Sein, das aktiv gestaltet werden kann.

Gesund-Sein ist dabei umfassend zu verstehen. Es geht um ein Wohlbefinden, das Körper, Seele, Geist und insbesondere auch das Soziale mit einbezieht. Die Autorin Hedwig Wilken macht sich im »Kursbuch: Sinnesförderung. So lernen Kinder sinnenreiches Wohlbefinden« auf den Weg.

Ein schönes und hilfreiches Bild, das die Gestaltbarkeit von Gesund-Sein zeigt, ist das Gesund-Sein als Weg. Ein Weg, der sich bildet, indem ich ihn gehe. Ich gehe diesen Weg inmitten meiner Umwelt und mit meinen Mitmenschen. Einen Weg gehen ist ein aktiver Prozess mit vielen Gestaltungsmöglichkeiten. So verstanden ist Gesund-Sein dann gelingendes Leben, das kreative Kraft und Bewältigungsfähigkeit integriert. Auch oder gerade für Kinder und Erwachsene mit Behinderungen oder im Krank-Sein.

Themen, die auf diesem Weg liegen, sind beispielsweise die Ernährung, das Erleben mit Körper und Sinnen, Bewegung oder Gefühle und Beziehungen. Themen, die in dieser Reihe aufgegriffen werden und zum Mitgehen und Miterleben einladen. Mit den Sinnen riechen, fühlen, sehen, tasten schmecken, sich und andere spüren. Das macht Sinn. Sinn in seiner ganzen Vielfalt. Wahrnehmungen werden gefördert, geistig-spirituelles Wachsen ermöglicht und Handlungsspielräume eröffnet. Macht das nicht alles Sinn?

Wenn wir auf diesem Gesund-Seins-Weg weitergehen, kommt es darauf an, den Kindern ein hohes Maß an Selbstbestimmung über ihr Gesund-Sein zu ermöglichen. Nur so ist ein aktives Gehen auf dem Weg und Gestalten möglich. Das bedeutet dann, Kinder oder Erwachsene nicht als Objekt von Erziehungsexpertinnen und -experten zu sehen, sondern als handlungsfähige Subjekte in einer unterstützenden Beziehung. Diese Sichtweise stellt besondere Anforderungen an professionell Tätige. Um im Bild des Weges zu bleiben heißt dies: Sie gehen mit auf diesem Weg, sie begleiten bei sinnenreichen Erfahrungen und ermöglichen neue Schritte und Aussichten.

Selbstbestimmung zielt auf eine aktive Beteiligung – Partizipation – an der Planung und Gestaltung des Alltags ab. Selbstbestimmung bedeutet, Mädchen oder Junge, Mann oder Frau, als Experten bzw. Expertinnen für ihr jeweils eigenes Sinnerleben zu sehen.
Und der Ort, wo sich Gesund-Seins-Förderung abspielt, ist dort, wo Menschen im Alltag leben, spielen und arbeiten. Also für Kinder und Erzieherinnen der Kindergarten, das Zuhause, das Freizeitheim oder die Natur.

Ein zentrales Anliegen der Reihe soll es sein, an den Ressourcen anzusetzen. Also der Frage nachzugehen: Was hält mich eigentlich gesund? Und hier spielen Ressourcen als Schutzfaktoren oder Kraftquellen eine entscheidende Rolle. Im individuellen Sinn sind unter Ressourcen persönliche Stärken, im ökosozialen Sinn stützende Hilfsquellen aus Mit- und Umwelt gemeint. Der Blick auf die Ressourcen bietet eine hoffnungsvolle, positive Perspektive. Diese Ressourcen benötigen Kinder und Erwachsene auch, um den Widrigkeiten des Lebens gewachsen zu sein oder mit Risiken und Krank-Sein gut umgehen zu können.
Bei den personalen Ressourcen, die es zu entdecken und zu fördern gilt, sind körperliche und dabei auch sinnliche Fähigkeiten von großer Bedeutung. Zu

erfahren, wie schöne eine blühende Wiese im Sommer anzusehen, zu spüren, zu riechen und zu fühlen ist. Hedwig Wilken zeigt Wege auf, wie eine umfassende Sinnesförderung in der Praxis gelingt. Die Autorin geht aber darüber noch hinaus. Es wird »ein gutes Sinnesgefühl und ein SinnesBewusstsein« angestrebt.

In der Gruppe bietet sich die Möglichkeit als weitere Ressource soziale Unterstützung wirksam werden zu lassen. Die Bedeutung der Peer-Group, der Gleichaltrigen-Gruppe, auch schon für kleine Kinder wird zunehmend wissenschaftlich erwiesen. Ein Klima zu schaffen, indem Kinder voneinander lernen können, weist den richtigen Weg.

Ressourcenorientiertem Arbeiten mit der zugrundeliegenden Frage des Entstehens von Gesund-Sein liegt das Konzept der Salutogenese zugrunde (von lateinisch salus: Wohl, Heil, Gesund-Sein und Genese: Entstehung). Dieser moderne Ansatz weist die beiden erwähnten Blickwinkel auf: den Ansatz an den Ressourcen und die Betonung der Selbstbestimmung und Autonomie der beteiligten Individuen. Gerade in der Arbeit mit Kindern ist dieser Weg von großer Bedeutung und ermöglicht neue Perspektiven. Kinder weisen nämlich viele Fähigkeiten auf, die wir Erwachsene ihnen abtrainieren. Ein geeignetes Beispiel ist die Erfahrung mit allen Sinnen: Kinder wollen alles be-greifen, riechen und schmecken und setzen ihre Kreativität häufig in fantasievoller Weise ein. Und wir müssten sie eigentlich nur lassen! Selbstbestimmt lassen. So eignen sie sich Selbstwert und Selbstvertrauen an, weitere Ressourcen, die Gesund-Sein ermöglichen.

Einen erfolgversprechenden Handlungsansatz für die Praxis bietet das Empowerment (to empower: ermächtigen; jemand die Vollmacht erteilen, etwas zu tun). Der Sinn des Wortes klingt eher passiv, es ist jedoch ein durch und durch aktiver Prozess gemeint!

Das Empowerment findet seine Wurzeln im Vertrauen auf die Stärken und Ressourcen von Menschen, eine hoffnungsvoll-optimistische Perspektive. Dabei soll Individuen oder Gruppen Kontrolle über ihr eigenes Leben und die sozialen Zusammenhänge ermöglicht werden. Empowerment bezeichnet Entwicklungsprozesse in der Dimension der Zeit, in deren Verlauf Menschen die

Kraft gewinnen, derer sie bedürfen, um ein besseres Leben nach eigenen Vorstellungen zu leben.

Das Handeln von Expertinnen und Experten ist dann als professionelle soziale Unterstützungsarbeit zu verstehen. Die Aufgabe liegt darin, Menschen zu unterstützen, die dazu notwendigen Ressourcen (wieder) zu entdecken oder zu entwickeln. Verschüttete Potenziale werden freigelegt, um Kontrolle über das eigene Leben zu erlangen. Diese Empowermentprozesse finden im sozialen Kontext statt. Und wenn mir gezeigt wird, wie viel Schönes ich mit meinen Sinnen erfahren kann, wie faszinierend mein Körper arbeitet und mir viel Bewegungsfreiheit bietet, wie schmackhaft und gut ich mein Essen zubereiten kann, dann habe ich auch Lust und Freude am Lernen. Ideen für die All-Tagesgestaltung, die die Buchreihe sukzessive aufgreifen wird.

Und noch ein letzter Gedanke: Auf meinem eigenen Weg zur Gesund-Seins-Förderung habe ich entdeckt und gelernt, dass ich zualler-allererst bei mir selber anfangen muss. Meine Ressourcen entdecken und einsetzen. Mir auf meinem Lebensweg bewusst soziale Unterstützung zu holen, darauf zu achten, wo die Beziehungen sind, die mir wohl tun. Selbstbestimmt meinen Weg des Gesund-Seins gehen und dabei auch von Kindern – und natürlich auch Erwachsenen zu lernen.

Vielleicht sollten Sie als Leserin oder Leser dieses Buches für sich darüber nachdenken und sich dann auf den Weg machen? Alle Ihre Sinne einsetzen? Dazu wünsche ich Ihnen viel Spaß und viel Erfolg.

Monika Fröschl

1. Sinnvoll leben – Gesund leben
Sinnesförderung als Teil der Gesundheitserziehung

Menschenbild – Gesundheitsförderung – Sinnespflege

Kinder sollen das Leben gesund und umfassend mit allen Sinnen erleben und genießen können. Streben wir in der Pädagogik das »Wohl des Kindes« an, so muss die Gesundheitserziehung einen ganzheitlichen Ansatz verfolgen, das Wohl auf allen Ebenen fördern. Der hier vorgestellte Ansatz soll zunächst bei den Erziehenden die besondere Bedeutung einer Sinnesförderung als Grundhaltung und Lebensstil betonen, um gute Bedingungsrahmen für eine sinnenreiche Gesundheitserziehung zu schaffen. Es geht nicht um medizinische oder ähnlich fachspezifische Inhalte, hier soll es um die Bedeutung einer umfassenden Förderung und Pflege der inneren und äußeren Sinne als Basis für ein gesundes glückliches Leben gehen. Eine sinnenreiche Gesundheitsförderung meint nicht nur die körperliche Funktionsfähigkeit der Sinne, ein gutes Sinnesgefühl und ein Sinn-Bewusstsein wird angestrebt. Der ganze Mensch, jede Wahrnehmung und jedes Gefühl ist wichtig. Deshalb muss die seelisch-geistige Wahrnehmung und die Entwicklung der organischen Sinneswahrnehmung des Kindes beachtet und gepflegt werden. Ziel ist es, sich als Erziehender gemeinsam mit dem Kind helfend und stützend auf den Weg zu machen, ein sinnenreiches gesundes Leben für sich und andere in vielen kleinen Alltagssituationen zu gestalten und zu erhalten. Das sinnliche Erleben und das Sinnerleben ist eine Basis der Gesundheit, der gesunden Persönlichkeitsentwicklung.

Was aber ist Gesundheit? Ist Gesundheit nur die Abwesenheit von Krankheit oder ist es ein sich wandelndes Befinden, im besten Falle »Wohlbefinden«, welches wechselhaften Prozessen unterliegt? Welche Bedeutung haben die

Definitionen von Gesundheit

Sinne für die Gesundheit? Die Weltgesundheitsorganisation WHO (World Health Organisation) beschreibt Gesundheit nicht nur als Abwesenheit von Krankheit und Schwäche, sondern als einen Zustand eines umfassenden körperlichen, geistigen und gesellschaftlichen Wohlergehens. Es stellt sich die Frage, ob dieser umschriebene »Zustand« nicht unrealistisch ist und dem Wesen des Menschen nicht entspricht.

Menschliches Leben ist gekennzeichnet durch prozesshafte Wechselphasen, durch Stärken und Schwächen, durch Wachsen und Sterben. Ist Leben ein Prozess, so kann auch Gesundheit nur ein Prozess sein. Der lateinamerikanische Theologe Leonardo Boff kritisiert den starren Gesundheitsbegriff der WHO und sagt, »dass Gesundheit kein Zustand ist, sondern ein ständiger Prozess des Sich-Mühens um einen dynamischen Ausgleich zwischen allen Faktoren, die menschliches Leben ausmachen.«[1] Für eine sinnenreiche Gesundheitsförderung des Kindes ist es vielleicht hilfreich, sich von einem lebendigen Menschenbild leiten zu lassen, wie es Boff weiter definiert: »Die Kraft, Mensch zu sein, bedeutet die Fähigkeit, sich dem Leben zu stellen, wie es ist, mit seinen Möglichkeiten und seiner Endlichkeit und Sterblichkeit. Die Kraft Mensch zu sein, bezeichnet die Fähigkeit, mit anderen zusammenzuleben, zu wachsen und sich längs der Dimensionen von Leben, Krankheit und Tod weiter zu vermenschlichen.«[2] In diesem Sinne gilt es, den Menschen immer als Seienden und Werdenden zu sehen und seine körperlichen und geistigen Sinne und Kräfte zu fördern und zu pflegen.

Der Körper, die Gesundheit, ist im Zusammenspiel der einzelnen Funktionen zu bewundern. Jeder technische Motor muss mit allen seinen Einzelteilen beachtet werden, es gibt eine Inspektions- und Wartungspflicht, alles wird geölt und gepflegt. Auch der Mensch braucht, um glücklich und funktionsfähig zu sein und zu bleiben, »Öl« auf allen Ebenen des Seins. Dieses Öl ist Lebenselexier und muss u. U. sehr unterschiedlich und individuell zusammengesetzt werden. Wenn es an einer Stelle fehlt, kann es sein, dass der ganze Lebensmotor Schaden nimmt und nicht mehr gut läuft. In der Gesundheitsfürsorge und in der Gesundheitserziehung ist es wichtig zu schauen, welches »Öl«, welches Lebenselexier ein Mensch zum »Überleben« braucht – was ist lebenswichtig zum Erhalt der Funktion? – und welches Lebenselexier braucht der einzelne Mensch, das Kind, um sich gut entwickeln, um ein glückliches, gesundes Leben gestalten zu können?

Die Salutogenese, eine relativ neue Forschungsrichtung, sucht nach den Quellen und Bedingungen von Gesundheit und Wohlergehen. Nicht die Krankheit, krankmachende Faktoren stehen im Mittelpunkt, sondern die zu fördernden Gesundheitsfaktoren, die Facetten des guten Gefühls, des Wohlfühlens. Folgt man der Salutogenese im Sinne des Neurologen E. Schiffer, der sein Buch »Schatzsuche statt Fehlerfahndung« nannte, so sollten Fragen wichtig sein, die sich mit den Quellen des Wohlgefühls, des Gesundseins, beschäftigen.

Salutogenese

Was aber erzeugt Wohlgefühl, was bekommt beispielsweise ein Kranker »Besonderes«? Was braucht er neben der möglichen medizinischen Versorgung, um wieder gesund zu werden? Was sind seine Bedürfnisse, Sehnsüchte und Wünsche?

Gesundheitsfördernde Bedingungen, die das Wohlgefühl stärken:

- Freundliche wohlwollende Menschen, Zuneigung, Zärtlichkeiten
- Eine gute Temperatur, Wärme, Körperwärme
- Eine gute Atmosphäre, Blumen, Gerüche, Farben
- Lieblingsspeisen, Lieblingsgeschichten, Reizruheräume, Schlaf ...

Was brauchen wir zur Gesunderhaltung?

Ist der Mensch in seiner »Ganzheitlichkeit« aus dem Gleichgewicht geraten, so können die gesundheitsfördernden Kräfte im Sinne der Salutogenese gestärkt werden. Auch bei den umschriebenen Bedürfnissen zum Wohlgefühl wird deutlich, dass viele Ebenen des Menschseins berührt werden, eben viele Sinne angesprochen werden, um ein Wohlgefühl zu erzeugen. In der heutigen zersplitterten Welt wird es wichtiger, sich immer wieder zu zentrieren, das bedeutet, sich möglichst von Außeneinreizen zu lösen, sich seine eigenen Vorstellungen und Gefühle bewusst zu machen. Kohärenz ist der Begriff für dieses innere Ganzheitsgefühl. Es bedeutet so viel wie Zusammenhalt, Zusammenhang, Halt haben. Das Kohärenzgefühl ist ein innerer Organisator der Ressourcen, es zeigt dem Menschen: Was ist mein Zusammenhalt? Was ist mein Rhythmus? Was ist meine Lust? Was sind meine Möglichkeiten? Kohärenzgefühl und Kohärenzsinn setzt sich aus drei Komponenten zusammen:

Kohärenz

- Sinnhaftigkeit – Das Leben als sinnvoll empfinden
- Verstehbarkeit – Das Leben verstehen, im Lebensprozess verstanden werden
- Handhabbarkeit – Das Leben, die äußere Welt gestalten können, aktiv handeln. [3]

Da ein gutes Kohärenzgefühl einen wesentlichen Einfluss auf das Wohlgefühl und somit auf die Gesundheit hat, ist es wichtig, schon dem Kind seine sehr individuellen Möglichkeiten und Grenzen, seine Schätze zur Lebensgestaltung und Lebensbewältigung deutlich zu machen, dem Kind Wege zu zeigen, gut mit sich und seinen Möglichkeiten umzugehen.

Ein weiterer nicht unwesentlicher Bereich der Salutogenese, ist die Erforsch-ung der Widerstandskräfte, die Resilienzforschung. Neben den Vererbungs- und Milieufaktoren, die die Gesundheit des Menschen bestimmen, wird der Faktor der guten »menschlichen Beziehung« der »Menschlichkeit« als wesentlich beurteilt. Menschen, die viel Leid und Krankheit erlebt und erfahren haben, aber dennoch über einen gewissen Zeitraum eine »gute menschliche Beziehung« hatten, waren gesunder und wurden schneller gesund. Dabei werden drei wesentliche Säulen einer guten Beziehung benannt: Ehrlichkeit – Liebe – Respekt. Das Erleben einer so geprägten Beziehung, es muss nicht die Beziehung zu den Eltern sein, kann nach der Resilienzforschung ein Kind stärken, stabilisieren, eine gesunde Entwicklung fördern, Krankheiten schneller heilen lassen und Ausgleich schaffen.[4] Kinder sollten Chancen erhalten, »menschliche Beziehungen« zu haben, die Gesundheit auf der see-lischen, der körperlichen und geistigen Ebene zu erhalten und zu pflegen. Fühlt ein Mensch sich gut verstanden, von »innen« her gut aufgehoben, so ent-wickelt er ein gutes Selbst-Gefühl, einen Selbst-Sinn: »Es ist gut, dass es

Resilienzforschung:
Was stärkt unsere
Widerstandskräfte?

15

mich, so wie ich bin, gibt!« Ein gutes Selbstgefühl ist persönlichkeits-stabilisierend und macht soziale Beziehungen, den Kontakt vom Ich zum Du zum Wir, erst möglich.

Schutz und Erhaltung der Gesundheit

Wenn es brennt, müssen wir das Feuer löschen oder zur Hilfe die Feuerwehr holen. Um aber eine solche Situation erst gar nicht zu erleben, bemühen wir uns um den Feuerschutz, wir treffen Vorsorge. In der modernen Gesundheits-erziehung sollte es auch so sein. Der Schutz und Erhalt der Gesundheit und des Wohlergehens muss Ausgangs- und Bezugspunkt sein. So lehren es auch die alten östlichen Gesundheitsschulen: Es ist das Ziel, den Menschen gesund zu halten. Das Ansehen eines Arztes nach östlicher Tradition steigt, je weniger Patienten er hat, da er für die Gesundheitsfürsorge zuständig ist und nicht nur für die Krankheitsbehandlung. Treten bei Kindern und Erwachsenen Gesund-heitsprobleme auf, dann »brennt« es schon. Krankheiten, Unwohlsein, Unruhe und all die sogenannten Störungen und Verhaltensauffälligkeiten können im Sinne der modernen Gesundheitsfürsorge auch als Hilferufe und Signale de-finiert werden: Hier ist etwas aus dem Gleichgewicht geraten. – Hier stimmen die Bedingungen für eine gesunde menschenfreundliche Entwicklung nicht! Die sogenannten Verhaltensauffälligkeiten und Krankheiten könnten aus dieser Perspektive als »gesunde« Reaktionen auf ungesunde Bedingungen betrachtet werden. Im Sinne der Salutogenese ist es wichtig, die Quellen für Gesundheit und gesunde Entwicklung zu finden und zu stabilisieren, eine ganz-heitliche sinnenreiche Gesundheitserziehung kann hier helfen.

Sinnesförderung und Sinnesbildung als Lebenskunst

Der Dienst aller Sinne – der inneren und äußeren Sinne – ist es, den höchsten Sinn, den LebensSinn zu erweitern und zu vergrössern, d.h., dem Menschen in seiner derzeitigen Lebenssituation zu einem möglichst optimalen Sinngefühl zu verhelfen. Die Sinne eröffnen in der Einzel- und Gesamtheit die Tore zum Leben. Wenn der Mensch nicht mehr spürt, was er tut und wie er lebt, dann nimmt das Menschliche am Menschen ab. Zwei Elemente bestimmen eine Sinneswahrnehmung wesentlich:

- Die funktionale Tätigkeit eines Organs (Aufnahme eines Eindrucks, Ausdruck)
- Die Tätigkeit des Verstandes, des Geistes, des Gefühls (Reflexion des Eindrucks)

Ganzheitliche Sinnesförderung

Beide Ebenen müssen bei der Betrachtung der Sinneswahrnehmung und bei der Sinnesförderung einzeln sowie gemeinsam beachtet werden. Die Sinneswahrnehmung ist immer sehr eigen, individuelle Erlebnisse und Erkenntnisse prägen den Wahrnehmungslebensweg. Werden die einzelnen wichtigen Fäden im Teppich des Lebens betrachtet, besonders beachtet und gefördert, so darf niemals der Blick für das ganze Gewebe, für das besondere Muster, die eigene Struktur, verloren gehen. Eine sinnen-reiche Erziehung kann die Einzel-Sinne sehen und fördern, ist aber immer am ganzen Menschen orientiert, sollte helfen, den LebensSinn, die Lebensqualität zu erhalten und zu fördern.

Sinne nehmen Eindrücke auf

Sinne prägen das Verhältnis des Menschen zur Welt, der Welt zum Menschen. Viele Faktoren bestimmen dieses Verhältnis: die Qualität und Dauer des Sinneseindrucks, das Zusammenwirken der Sinne, das kontinuierliche Trainieren des Sinnes (Nahrung des Sinnes), körperliche und seelische Befindlichkeiten, die Zeit der Verarbeitung eines Reizes.
Sinne können Eindrücke aufnehmen, sind also Empfänger: der Mensch hört, fühlt, schmeckt.

Sinne können etwas zum Ausdruck bringen

Sinne können aber auch ausdrücken: Der Mensch sieht jemanden an, betastet einen Menschen, gestaltet, malt, singt ... Die Art und die Intensität eines Eindrucks, einer Einwirkung, kann von außen beeinflusst werden, nicht aber die Wirkweise, die Reflexion und Verarbeitung, diese wird sehr individuell vorgenommen. Die Stimulierung einer Sinnestätigkeit und eine entsprechende »Wirkung« hängt von unterschiedlichen Faktoren ab. Ein Ziel, was der andere empfinden kann, soll oder muss – kann nicht definitiv von außen festgelegt werden, da die individuelle Art des Empfindens, der Verarbeitung bestimmend ist für die Wirkung des Reizes.

Sinnes-
empfindungen
sind individuell

Die Wahrnehmung eines Reizes ist etwas anderes als die Empfindung, d.h. dass beispielsweise alle einen bestimmten Ton hören, der gehörte Ton aber sehr unterschiedlich empfunden wird. Einige empfinden ihn als angenehm, leise, anstrengend …, andere empfinden ihn genau gegenteilig. Der Ton kann auch unterschiedliche Erinnerungen und vergangene Empfindungen wachrufen. Die Sinnesempfindung des anderen ist nicht vorhersehbar, die Verarbeitung eines Reizes sehr individuell. Sinnesempfindungen sind auch abhängig von Alter, Charakter, Lebenssituation etc. Beispielsweise »durchlebt« ein Kind den gespürten Eindruck eher sehr emotional, körperlich. Ein alter Mensch erlebt die Ereignisse oftmals mit mehr Distanz, durchdenkt das Erlebte, durchwandert in Gedanken und Bildern die Erlebnisse. Der englische Dichter Wordsworth beschreibt einmal, wie er unvermutet einem Meer von Osterglocken gegenüberstand: »Ich schaue und schaue, aber dachte nur wenig, welche Gesundheit dieser Anblick mir gab«, erst später, wieder bei sich im Stillen, bemerkte er das Belebende des Bildes, das in ihm Licht, Freude und Bewegung geblieben war: Gesundheit. In diesem Sinne sind Sinnesprozesse Ernährungsvorgänge« [5]. So können beispielsweise Sinneseindrücke Nahrung für die Seele sein. Eine Sinnesförderung und Sinnespflege sollte immer sehr personenbezogen und individuell angestrebt werden, das Gespräch über die tatsächlichen Empfindung und Bewertung ist dabei sehr wichtig. Die Qualität ist Maßstab für die Intensität und damit für die Wertschätzung von Leben, von individueller und gemeinschaftlicher Lebensqualität.

Veränderungen
der kindlichen
Lebenswelt

Leben und Lebendigkeit ist gekennzeichnet durch Veränderung und Verwandlung, auch in Bezug auf Gesundheitserziehung. Diese Veränderungs- und Entwicklungsprozesse aber müssen beobachtet und beachtet werden. Kindheit und Kindsein ist immer zeitabhängig im Wandel, auch hinsichtlich der Gesundheit und des Wohlbefindens. Heute ist die Veränderung der kindlichen Lebenswelt besonders gekennzeichnet durch:
- Zunahme mannigfaltiger Stimulanzen
- Zunahme von Abhängigkeiten in Netzwerken
- Zunahme von Schutzlosigkeit und (Reiz-)Abwehrmechanismen
- Notwendigkeit von Unterscheidungs- und Entscheidungskompetenzen

- Aufbruch der klassischen Familienstrukturen
- Zunahme von Kontaktpersonen
- Zunahme von Informationen ...[6]

Auf Veränderungen, die die Entwicklung der Kinder beeinflussen, muss zum Wohle des Kindes pädagogisch reagiert werden. Mit einer vielleicht guten Absicht wird der Mensch und das Leben in der Forschung immer mehr »geteilt«, in Teilen und Ausschnitten betrachtet, in kleine Stücke und Elemente zerlegt, solange, bis der Mensch als Mensch gar nicht mehr zu erkennen ist. Vielleicht ist es an der Zeit, den Menschen wieder »zusammenzufügen«, sich nicht mehr so sehr auf die Einzelteile und Funktionsweisen zu konzentrieren, sondern den wertvollen Schatz Mensch wieder ganz zu sehen und zu achten, dem Menschlichen, Sozialen und Kulturellen im Leben mit mehr Wertschätzung zu begegnen.

Ziel einer sinnenreichen Gesundheitsförderung ist nicht das normative »funktionsfähige« Kind, sondern eine individuelle Persönlichkeitsförderung des eigen-sinnig glücklichen Kindes. Bei einer fortschreitenden Entsinnlichung der direkten Erlebniswelten müssen die Rahmenbedingungen für direkte kindliche Erlebnismöglichkeiten mit eigenen Reflexionen gefördert werden. Die Beschaffenheit der Umgebung direkt zu spüren, bedeutet etwas anderes, als sie nur über die Medien vermittelt zu bekommen. Selbst zu spüren und sich ein Urteil zu bilden sind wesentliche Qualitäten und machen die Individualität eines Menschen aus. »Ich fühle mich wohl, unwohl, weil ...«. Ein eigenes Gefühl ist Basis für eine eigene Meinung, diese Chance eigensinnig eine Lebenshaltung zu »bilden« sollte dem Kind über eigene Spürerfahrungen als Spürbewusstsein gegeben werden. Offensichtlich wird aber mehr und mehr der nur funktionierende, nur einsatzbereite Mensch für die Konsum- und Wirtschaftswelt gesucht und gebildet – selbstgesteuerte Erlebnisse und Erkenntnisse verhindert. Über die Werbung und Medien wird den Erwachsenen und Kindern ständig mitgeteilt, was sie denken und fühlen müssen, bis hin zum Wetterbericht, wo dann die »gefühlte« Temperatur als Nachricht mitgeteilt wird. Das direkte Erleben, die Wahrnehmung, das Spüren und Fühlen aber entwickelt

Gesundheitsförderung ist Persönlichkeitsförderung

sich nur durch direkte Erfahrungen und Erlebnisse, genauso die »Einfühlsamkeit«. Der Mensch kann sich nur in einen Menschen, in eine Situation einfühlen, wenn seine Gefühle geweckt und wachgehalten wurden, wenn er ein Spürbewusstsein ausbilden konnte. Es gilt die Lebendigkeit des Menschen durch direkte Erlebnisse und Gespräche, durch »Aufmerksamkeits-Wecker« positiv wach zu halten.

Erziehende müssen sich immer mehr den Sinn und Wert einer gesundheitsfördernden SinnesErziehung im gemeinsamen Leben und Erleben mit dem Kind bewusst machen, immer wieder auf die Wahrnehmung hinweisen, fragen, was das Kind gerade gesehen, gespürt … hat. Die Sinnesförderung, der Sinn der Sinne in Bezug auf die kindgerechte Entwicklung sollte sich an der Wahrnehmungsweise der Kinder orientieren. Um uns gesund zu halten, müssen wir das direkte Sinneserleben als Lebens-Wert spüren.

Ein Gärtner, der mit seiner ganzen Berufsliebe Blumen und Pflanzen züchtet, wird keine junge Pflanze aus dem Boden »ziehen«, damit sie schneller wächst. Er wird versuchen, Bedingungen zu schaffen und zu erhalten, die das Wachstum und die Entwicklung der Pflanze aus eigener Kraft fördern. So sollten und könnten Erziehende im Rahmen der gesunden Sinnesförderung Bedingungsrahmen zum Wohle des Kindes suchen und schaffen, die dem Kind in der jeweiligen Situation optimale Entwicklungs- und Wachstumsmöglichkeiten bieten. Kinder sollten zum Glücklichsein erzogen werden, nicht zum »funktionieren«, dabei sind Erziehende »GastGeber« guter Bedingungen! Schade eigentlich, dass der »Kinder-Garten« jetzt eher KITA heißt und die Erzieherin nicht mehr »Kinder-Gärtnerin« ist.

Jeden Morgen –
mit geöffneten Händen
und einem mutigen Ja –
glaube ich neu,
dass es möglich ist,
ein Leben lang zu lieben
gegen alle Enttäuschungen
gegen alle Begrenzungen
gegen alle Verzweiflung.
Mit geöffneten Händen
und einem wachen mutigen
– Ja –
glaube ich neu
an den Sinn allen Seins.

Stephanie Krenn

2. Sinnenreich leben
Sinnenreiche Persönlichkeitsentwicklung

LebensSinn – GlücksSinn

Menschsein zeichnet sich in erster Linie dadurch aus, dass der Mensch ausgestattet ist mit einem Lebensbewusstsein, mit einem »Lebens-Sinn«. Der LebensSinn ist der energiegeladene Impuls, das eigene und fremdes Leben zu erhalten und gut zu gestalten. Dieses kann auf eine sehr einfache elementare Art, aber auch auf eine weitgefächerte Weise geschehen. Erziehende haben die große herausfordernde Aufgabe, Kinder auf dem Weg der sinnreichen Lebensgestaltung auf wohlwollende und fördernde Weise individuell zu unterstützen und zu begleiten. Der LebensSinn ist der Sinn für den Aufbau und Erhalt eines menschlichen Wohlgefühls. Die Entwicklung eines gesunden Lebensstils ist förderlich für die Entwicklung eines guten »Lebens-Sinnes«. Eine sinnenreiche Persönlichkeitserziehung und -entwicklung als Gesundheitsförderung anzustreben, hat das Ziel, ein Kind so zu fördern, dass es glücklich werden kann, dass es ein bejahenswertes glückliches Leben führen will und dieses Ziel niemals aufgibt.

Eine wesentliche Säule des Lebens- und GlücksSinns ist das Gefühl!

Herzensbildung sollte Erziehenden am Herzen liegen

Ohne Gefühl, ohne die Pflege der guten Gefühle kann es keine guten Beziehungen geben. Die Gefühle des Menschen machen sein Wesen aus, sind also wesentlich. Jedes Gefühl ist einmalig und jeder Mensch fühlt einmalig. Oftmals wird das Herz als Sitz oder Zentrum der Gefühle bezeichnet. Eine »HerzensBildung«, d.h. eine Beachtung der Gefühle sollte in der Erziehung und Gesundheitserziehung ausreichend Beachtung finden, den Erziehenden »am Herzen« liegen. Die individuellen Gefühle bedürfen der Beachtung, der Achtung. Es ist sinnvoll, sich im Umgang mit Kindern und Menschen im All-

gemeinen immer wieder die innere Frage zu stellen: Was fühlt das Kind jetzt, was ist die Gefühlsbotschaft, die es mir mitteilen möchte? Ein gefühlvoller Umgang, die Einfühlsamkeit, macht eine Beziehung angenehm und freundlich, drückt Wertschätzung aus. Sinneseindrücke sind »Gefühlsnahrung«, müssen also für eine gute Verarbeitung und Verwertung in der Zusammenstellung und Balance wohl dosiert und bedacht werden. Wir leben in einer Zeit der Gefühls-entwertung! Alles messbare und sichtbare scheint wichtiger und wertvoller als das Nichtsichtbare und Nichtmessbare, LebensSinn und Glück ist nicht mess-bar und dennoch Fundament für Gesundheit und Wohlergehen.

Was ist individuelles Glück und wozu lebt der Mensch, wenn es nicht schön ist, zu leben? Betrachten wir die Glücksmomente in unserem Leben, würden wir eine Perlenkette des Glücks aufziehen, auf der jede Perle einen Glücksmoment symbolisieren würde, so hätte sicher jede Glücksperle viel mit freundlich zu-gewandter Herzenswärme zu tun, mit einem liebevollen annehmenden Blick, mit einem gütig wohlwollenden »An-sehen«. Einfach gesagt und für den All-tagsgebrauch wäre also der zugewandte freundliche Umgang, ein freundlicher

Blick eine erstrebenswerte Umgangsform, aber viele Wege führen zum Glück und wir können uns aufmachen, Wege zu finden.

Hans im Glück Das Märchen vom »Hans im Glück« ist auch Hilfe auf der Suche nach dem Glück. Das Glück in diesem Märchen ist »wandelbar«, also nichts statisches und dauerhaftes – ein typisches Merkmal von Glück. Zunächst freut sich Hans über den Lohn für seine Arbeit, einen Goldklumpen. Dann beginnt er zu tauschen und freut sich jedes Mal über das »Neue«, was gerade besser zu seinem Leben passt. Er ist offen für Neues bis es ihm beschwerlich wird, er merkt: Das ist nicht gut für mich, ich muss etwas verändern. Erst als er sich von allem befreit hat, alles loslassen konnte, fühlt er sich wirklich glücklich. Am Anfang seines Lebens- und Lehrweges glaubt er noch daran, dass ihn Reichtum und Erfolg glücklich machen. Mit jedem neuen Schritt auf seinem Weg merkt er, dass er immer glücklicher wird, wenn er etwas hinter sich lassen kann, sich nicht an äußeren Dingen orientiert, wenn er Ballast abwirft. Frei kann er dann den Augenblick, die Schönheit der Welt genießen und wahrhaft glücklich sein.[7]
Die Botschaft des »falschen« Glücks, des Glücks, welches abhängig ist von Besitz und Ansehen, zieht sich durch viele Weisheiten, Philosophien, Religionen und Märchen. Eine Falle des Glücks ist sicher eine zu starke Fremdbestimmung und Außenorientierung, ein atemloses Mitrennen im Strom der Zeit, nur um aktuell zu sein, dabei zu sein, es allen recht zu machen. Dieser Lauf ist letztendlich ein Rennen um Anerkennung und Liebe am falschen Ort. Das Selbstwertgefühl eines Menschen darf in seiner Urform nicht abhängig sein von Leistung und Anerkennung, dieses entspricht nicht der Würde des Menschen. Jeder Mensch ist einmalig und hat seinen Wert in sich.
Die Lebenskunst besteht darin, das Leben für sich und andere im Rahmen der Möglichkeiten und Grenzen schön zu gestalten und zu genießen. Wird der Mensch und damit auch das Kind ganzheitlich gesehen, so gilt es vor der Funktionstüchtigkeit den Eigensinn des Menschen zu achten, das Menschliche des Menschen in all seinen Facetten des Seins zu stärken, aber auch Grenzen und Schwächen als menschlich zu betrachten.
In der Pädagogik erscheint sie manchmal vernachlässigt, die Frage »Was tun wir, damit ein Kind ein glückliches Leben hat?« Vielleicht ist diese Frage zu

selbstverständlich, dennoch bedarf sie der bewussten Aufmerksamkeit. Glücksrezepte kann es nicht geben, wohl aber Hilfen, ein inneres Wohlgefühl, ein Selbstgefühl aufzubauen, welches in sich als Wert erlebt und empfunden wird. Die Pflege des GlücksSinnes ist das Fundament für Gesundheit, Genesung und Wohlergehen. Die innere Schatztruhe mit Glücksgefühlen, mit Liebe, Zuwendung und Freundlichkeit zu füllen, kann dem Menschen helfen, das Leben lebensfroh und positiv zu gestalten.

Erziehung und Bildung orientieren sich heute oftmals mehr auf die wirtschaftliche und technische Leistungsfähigkeit. Der Mensch ist aber keine Maschine. Erziehung und Bildung im Sinne des menschlich-gesunden Wohlgefühls kann nur gelingen, wenn sie das Kind ganzheitlich sieht. Gerade die individuelle Beziehung und Erziehung, die eigene vorbildliche Grundhaltung gegenüber dem Kind und der Welt, das eigene vorbildliche Verhalten der Erziehenden, die eigene Haltung, das »Menschenbild« erzieht wesentlich. Im ganzheitlichen Sinne ist eine bewusste Handlung aus bewusster Haltung prägend. Alle Erziehungsbemühungen sollten in erster Linie von einer »Beziehungsbemühung« geprägt sein. Ausgangs- und Bezugspunkt muss immer das »Wohl des Kindes« sein. Ein liebevoller Umgang mit Mensch, Natur und Dingen ist Ausgangspunkt und Ziel jeder Beziehung und Erziehung, auch einer Gesundheitserziehung.

Die Formung und Bildung des Lebens- und Glücks-Sinns durch die inneren und äußeren Sinne kann nur als sanfter Weg, als vor-bildliches Erziehungsangebot Sinn machen.

Wie können Erziehende aber den sanften Weg im Alltag umsetzen, um so den LebensSinn und den GlückSinn des Einzelnen sowie der Gemeinschaft zu fördern? Wie kann eine gute Basis aussehen?

Eine gute Basis, ein guter Lebens- und GlücksSinn bezieht sich als Erziehungs-ziel auf ein positiv wohlwollendes Verhalten des Menschen, welches das eigene sowie das Wohl der Mitmenschen und Mitwelt anstrebt. Ein Kind, dass sich angenommen und geliebt fühlt, entwickelt ein gutes Grundgefühl, eine »gute Basis« für sich und andere, es kann einen guten LebensSinn und Glücks-Sinn als Basis für Gesundheit und Wohlergehen entwickeln.

Zerstörerisches Verhalten, Neid, Hass und Gewalt aber entwickelt sich aus einer »negativen Basis«. Nur Kinder (und Erwachsene), die sich nicht an-genommen, geliebt fühlen, die Verachtung, Ablehnung, Druck erleben, die in

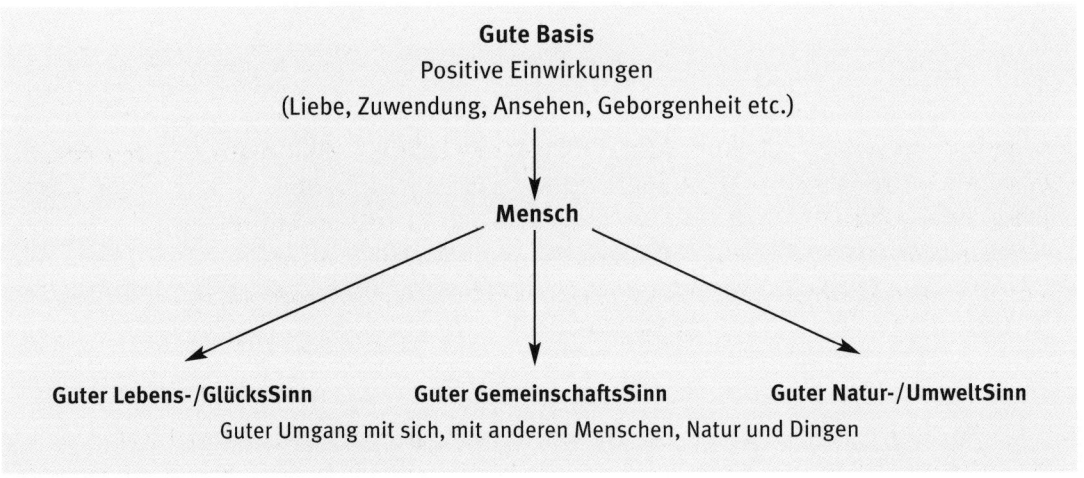

Gute Basis
Positive Einwirkungen
(Liebe, Zuwendung, Ansehen, Geborgenheit etc.)

Mensch

Guter Lebens-/GlücksSinn   **Guter GemeinschaftsSinn**   **Guter Natur-/UmweltSinn**
Guter Umgang mit sich, mit anderen Menschen, Natur und Dingen

ihrer Würde verletzt werden, die nicht ernst genommen werden ... haben Raum in sich das »Schlechte« zu entwickeln, Neid, Zerstörung, Streit, schlechtes Ver-halten ... wachsen zu lassen.

Das zerstörerische Element, das Bedürfnis Macht auszuüben und herrschen zu wollen, scheint geschlechtsspezifisch unterschiedlich ausgeprägt. Die Be-reitschaft zum zerstörerischen Umgang bis hin zum Töten ist bei Männern und

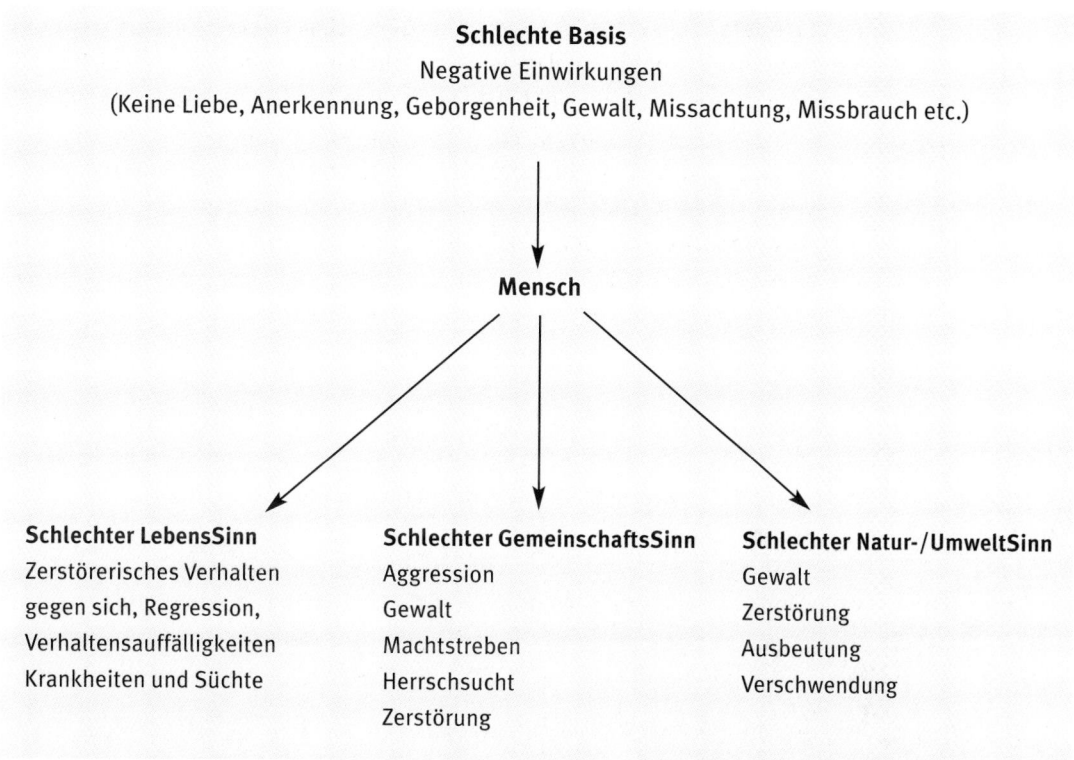

Schlechte Basis
Negative Einwirkungen
(Keine Liebe, Anerkennung, Geborgenheit, Gewalt, Missachtung, Missbrauch etc.)

Mensch

Schlechter LebensSinn
Zerstörerisches Verhalten
gegen sich, Regression,
Verhaltensauffälligkeiten
Krankheiten und Süchte

Schlechter GemeinschaftsSinn
Aggression
Gewalt
Machtstreben
Herrschsucht
Zerstörung

Schlechter Natur-/UmweltSinn
Gewalt
Zerstörung
Ausbeutung
Verschwendung

Jungen in fast allen Kulturen anders als im Verhalten der Mädchen und Frauen. *Geschlechts-*
Es stellt sich hier die geschlechtsspezifische Frage: Bekommen Jungen eine *spezifische*
schlechtere Basis? Haben Männer/Jungen ein schwächeres Selbstgefühl, ein *Aspekte*
mangelndes inneres Wert- und Körpergefühl, dass sie eher meinen, sich
beweisen zu müssen? Ist es möglicherweise ein Ansatzpunkt, schon in der
frühen Erziehung Jungen ein besseres Sinn-, Selbst-, Körper- und Sozialgefühl
zu vermitteln? Die Betonung liegt hier auf der Förderung der Sinneswahrnehmungen, des Gefühls für sich und andere.
Die Ursachen für zerstörerisches, gewaltorientiertes und herrschsüchtiges
Verhalten sind vielfältig und noch zu wenig erforscht.

Religiös-kulturelle Aspekte

Philosophen aller Zeiten und Kulturen haben sich mit dem Glück des Menschen beschäftigt. Fast alle Kulturen und Religionen schlagen in ihren Grundphilosophien den »sanften« Weg als Basis, den Weg der Liebe als Weg zum Frieden und Glück vor. Viele Kulturen bieten ganz eigene gesundheitfördernde Aspekte für eine geglückte Lebensweise, für die Gestaltung eines guten LebensSinns, einige ausgewählte sollen hier kurz benannt sein.

Der israelische Gelehrte Moshe Feldenkrais sagt, der Mensch wird im Wesentlichen von drei Komponenten geprägt: von der Vererbung, von der Erziehung und von der Selbsterziehung. Er war überzeugt davon, dass der Mensch, wenn er wirklich Mensch sein will, seine geistigen und körperlichen Kräfte bewusst trainieren muss, dass er sich in Freiheit der Selbsterziehung widmen sollte.

Das »Glücksrezept« des polynesischen Inselvolkes basiert auf der Idee, dass die Menschen von Natur aus dazu bestimmt sind, sich gemeinsam zu freuen, dass es möglich ist, aus jedem Augenblick des Lebens Freude zu schöpfen und diese Freude zu teilen. Die gesundheitsfördernde Einstellung dieses Volkes stützt sich zum Aufbau und zur Bildung eines positiven Lebensgefühls auf die Lebenslust und Lebensfreude. Diese über 2000 Jahre alte Denk- und Lebensweise kennt fünf Säulen als Glücksrezept: 1. Liebenswürdigkeit, 2. Herzensgüte, 3. Geduld, 4. Verbundenheit und 5. Demut und Sanftmut im Umgang mit sich und anderen.[8] Sicher wird der LebensSinn von vielen hier benannten und bekannten Faktoren geprägt und ausgebildet.

Der religiös-spirituelle Sinn fordert dabei vielleicht ein besonderes Augenmerk, da dieser so wenig fass- und messbar und dennoch in allen Kulturkreisen vorzufinden ist. In diesem Zusammenhang der sinnenreichen Gesundheitserziehung soll die Bedeutung des »Heilsamen« der Religion, des religiös-spirituellen Sinnes, hervorgehoben werden. Zerstörerische und hierarchische Elemente der Religionen aus Vergangenheit und Gegenwart werden als »negativ« abgelehnt und im weiteren ausgeklammert. Jedem Menschen scheint die Suche nach einem nicht fassbaren, sichtbaren Sinn des Lebens, nach einer seelisch-geistigen Verwurzelung innezuwohnen. Vielleicht ist es auch eine Kraft, die hilft, die Endlichkeit des Menschen, den Tod, in eine Unendlichkeit zu verwandeln, alle irdischen Grenzen aufzulösen und zu überwinden. Viele unterschiedliche Religionen bieten dem Menschen auf verschiedenen Zugängen und Wegen Heils-Angebote. Unsere westliche Kultur ist durch das Christentum geprägt. Die religiöse Praxis des Christentums bietet auch schon für Kinder viele Wege und Zeichen mit praktischen Erlebnissen, die den religiös-spirituellen Sinn positiv als LebensSinn und GlücksSinn prägen können. Oftmals haben Kinder in ihrer Weltwahrnehmung einen leichten Zugang zum »Göttlichen«, Gott kann für sie Freund sein, immer da sein, sie können mit ihm sprechen. Sie können eine Blume als Geschenk Gottes sehen. Sie spüren Gott überall in der Natur, in guten Menschen, Zeichen und Dingen. So können sie auf eine unbefangene Weise das Heilsame der Religion als etwas »Gutes« erleben, ohne es fassen und erklären zu können oder zu müssen. Religiöse Grunderfahrungen können sich aufbauend durch den kindlichen Alltag ziehen. Die Entwicklung eines positv religiös-spirituellen Sinnes braucht, wie die Entwicklung aller innerlichen und äusserlichen Sinne, Beachtung, gute Vorbilder und Zeit!

Es stellt sich im Alltag und in der Erziehung die Frage: Wie lassen sich auch im Sinne des ganzheitlichen Gesundheitsgefühls, kleine Mosaiksteinchen zum Aufbau eines guten Lebens- und GlücksSinns entwickeln und umsetzen?

Der Theologe P. M. Zulehner hat die Urwünsche des Menschen einmal auf drei Wünsche reduziert, nämlich auf Individualität, Zugehörigkeit und Freiheit.[9] Kann die Umsetzung und Stabilisierung der Urwünsche helfen, schon bei Kindern die Basis für ein gesundes gutes Lebensgefühl zu entwickeln? Die Ur-Wünsche des Menschen nach Zulehner:

Bausteine eines guten LebensSinns

1. Individualität – Einmaligkeit

Wir wünschen uns, einmalig zu sein und in dieser Einmaligkeit auch anerkannt zu werden. Ausdruck unserer Einmaligkeit sind unser unverwechselbares Gesicht, unsere Gestalt, unser Wesen, unser Name. Wenn sich uns jemand zuwendet, uns meint, uns anschaut, erfahren und erleben wir »An-sehen«. In dieser Zuwendung eines Menschen erkennen wir auch, wer wir sind. Eine wichtige Form menschlicher Zuwendung ist die Begegnung zwischen Eltern und Kind und später auch zwischen Freunden und Partnern. Ausgenutzt und ausgebeutet zu werden, benutzt zu werden, beliebig austauschbar zu sein, also in seiner Individualität und Einmaligkeit verraten und beleidigt zu werden, ist schmerzhaft und verletzend, kann krank machen und sogar »tödlich« sein. Dieser sogenannte »soziale« Tod kann mutwillig zugeführt werden durch Unachtsamkeit und Oberflächlichkeit, er kann aber auch durch todbringende gesellschaftliche Lebensregeln und Strukturen vorgegeben sein.

Die Individualität und Einmaligkeit eines Kindes kann ein Erziehender in jedem Beziehungskontakt im Alltag spürbar werden lassen, dieses Gefühl ist durch die Grundhaltung zum Menschen geprägt. Ein Kind merkt sehr wohl, ob es in der Gruppe gesehen wird, ob es durch die Erzieherin »An-sehen« erhält, in seiner Würde und Einmaligkeit geachtet und geschätzt wird.

Zugehörigkeit – Heimat

Leben äußert sich als Wunsch nach Beheimatung. Wir suchen nach einem Platz in der Welt, den wir uns so sehr aneignen, dass wir dort Wurzeln schlagen können. Dabei muss es sich nicht nur um einen wirklichen Ort, ein Haus, ein Land ... handeln, wir können auch im inneren Sinne und bei Menschen Wurzeln schlagen, Heimat finden. So reicht der Wunsch nach Beheimatung vom Heim, von einem Wohlfühlort bis hin zur Gruppe, zum Ort der Solidarität mit anderen. Dieses Streben nach einem inneren und äußeren Ort der Zugehörigkeit ist ein Streben nach Beheimatung, nach einem Ort, wo der Mensch Wurzeln schlagen kann. Es lässt sich zusammenfassen als die Suche nach einem Ort, wo der Mensch Wertschätzung erfährt, wo Geborgenheit, Wärme, Austausch ist und wo es das Gefühl des Dazugehörens und eines letzten stützenden »Halts« gibt.

Schon sehr kleine Kinder kann man immer wieder beobachten, wie sie sich »Nester« und »Wohlfühlhütten« suchen und bauen, wie sehr sie die Geborgenheit für sich und dann für eine ausgewählte Gemeinschaft, die Gemeinschaft der »Gleichgesinnten« suchen. Dieses Grundgefühl der überschaubaren »Kuschelecke« scheint sich auf unterschiedliche Weise bei Kindern zu entwickeln und auszudrücken. Gerade in der Kindergruppe ist es zunächst wichtig, dem Kind ein überschaubare kleine »Heimat« zu geben, natürlich ohne Ausgrenzungen zu fördern. Um aber auf andere zugehen zu können, braucht das Kind als Basis zunächst ein heimatliches Wohlgefühl, das Gefühl, ich gehöre irgendwo hin, ich bin gewünscht.

Freiheit – Wachstum

Freiheit und Wachstum umschreiben den Wunsch, etwas aus freier Entscheidung dem eigenen Typ entsprechend »machen« zu können, sich gestalterisch auf seine Weise am Leben zu beteiligen, die Geschichte des Lebens mit zu schreiben und mit zu gestalten. Wir wünschen uns, dass wir in der Gemeinschaft wachsen können, dass wir gestalterisch und schöpferisch tätig sind. Lebendig sein heißt also: wachsen zu können. Tödlich hingegen ist es, wenn es kein persönliches und kein gesellschaftliches Wachstum mehr gibt. Viele verfestigte Lebensweisen und gesellschaftliche Strukturen verhindern die Chancen der Selbstbestimmung und des Wachstums. Ganzen Gruppen,

Völkern, Ländern ... wird das Recht auf Freiheit und Selbstbestimmung und damit die Verantwortung, ihr Leben in der Gemeinschaft schöpferisch zu gestalten, verwehrt. Hier stellt sich wieder die Frage, warum Menschen sich in ihrer Freiheit, in ihrem Wachstum behindern? Warum will jemand über den anderen bestimmen, ihm das Recht der Freiheit nehmen?

Ein Kind in der Erziehung auf dem Weg der »Freiheiten und Grenzen« förderlich zu begleiten, das individuelle Wachstum im Eigen- und GemeinschaftsSinn zu fördern, ist eine der schwierigsten Erziehungsaufgaben. Dennoch brauchen wir täglich 100 kleine Antworten auf die Frage der Freiheit und Grenzen. Das gute Selbst- und Sozialgefühl entwickelt sich am ehesten in den Alltagssituationen: im aufmerksamen Gespräch, in der Reflexion. Immer, wenn ein Kind lernt, was das eigene Verhalten bei anderen auslöst und ob das o. k. ist, lernt es sich und andere in den Grenzen und in der Freiheit besser kennen und einschätzen, ein Wachstum wird »möglicher«. Kinder brauchen aber Hilfen, die Konsequenzen ihres Verhaltens einzusehen, zu verstehen, dass sie Verantwortung für die Auswirkungen ihres Verhaltens haben, ein Sozialverhalten scheint – leider – nicht angeboren.

Ein Baum könnte Symbol sein für die drei Urwünsche, die Wurzeln zeigen uns die Suche nach Heimat, nach Verwurzelung. Der Stamm zeigt uns die Einmaligkeit, Stabilität und Basis für Wachstum, die Krone ist individueller Ausdruck des Wachstums, der Gestaltungskraft.

LebensSinn – GlücksSinn
Praxishilfe: Verhaltensweisen und Bedingungsrahmen

- Mit dem Kind eine gute Erziehungsbeziehung gestalten, die in einem Verhältnis von Geben und Nehmen getragen ist von gegenseitiger Liebe, Zuwendung, Achtung, Geborgenheit, Respekt, Freiheit, Zugehörigkeit, Entwicklung und Wachstum.
- Die positiven Kräfte des Kindes sehen und stärken, ihm immer wieder zeigen und sagen, was es alles kann.

- Dem Kind helfen, eine gute gesundheitsbewusste Körperbeziehung zu erhalten und zu pflegen! Sich entsprechend der Witterung kleiden, den Körper schützen, sich und andere vor Verletzungen bewahren, Defizite und Verletzungen liebevoll behandeln. Sich liebevoll berühren, nicht grob, aggressiv und verletzend miteinander umgehen – besonders bei Jungen diese körperfreundliche und einfühlsame Umgangsweise ausbilden helfen.

- Dem Kind helfen herauszufinden, was es, auch unabhängig von anderen und Trends, gern tut, was ihm Freude macht.

- Das Kind ansehen, ihm Ansehen verleihen und dadurch Wertschätzung vermitteln.

- Mit dem Kind in einer freundlichen Art sprechen.

- Sich in die Gefühls- und Wahrnehmungswelt des Kindes hineinversetzen, Einfühlsamkeit üben. (Wie würde ich mich jetzt in der Situation des Kindes fühlen, was ist das Grundgefühl?)

- Die vielen kleinen und größeren Glücksmomente im Alltag selbst wahrnehmen und Erlebnisgefühle mitteilen.

- Dem Kind die Veränderung von Situationen und Gefühlen im Gespräch deutlich machen. (Nichts bleibt, wie es ist, nach jeder Nacht folgt der Tag ...)

- Trost spenden, ein Kind in seinen empfunden Gefühlen annehmen, stützen und trösten. (Nicht: Ist ja gar nicht so schlimm, oder tut ja gar nicht so doll weh ..., eher: Das ist ja schlimm für dich, was können wir denn tun, was wäre jetzt gut ...).

- Dem Kind helfen, die eigenen Stärken und Schwächen zu erkennen und helfen, sie zu akzeptieren und gut damit umzugehen.

- Mit dem Kind die vielen Fähigkeiten des Menschen bei sich und anderen entdecken und schätzen lernen. Nicht Konkurrenz, sondern Bereicherung in der Vielfalt der unterschiedlichen Fähigkeiten sehen lernen, Toleranz üben.

- Sich selbst und das Kind ermutigen, eine eigene Meinung zu haben und auch mutig Stellung zu beziehen, sich engagieren.

IchSinn – GemeinschaftsSinn – FürsorgeSinn

»Liebe Deinen Nächsten wie Dich selbst!« Das Gebot der Selbst- und Nächstenliebe kennt in unserem christlich geprägten Kulturkreis wohl jeder und dennoch wird es oftmals vernachlässigt, wenig beachtet oder möglicherweise falsch interpretiert. Selbstliebe wird mit Egoismus verwechselt oder gleichgestellt, Nächstenliebe mit Aufopferung etc.

Eine positive Persönlichkeitsentwicklung muss als Basis die Entwicklung eines guten Selbstbewusstseins, der Selbstbestimmung und Selbstverantwortung, gekoppelt mit Solidarität und Verantwortung, den Mitmenschen und der Mitwelt gegenüber fördern und bilden.

Selbstliebe

Viele Probleme persönlicher und gesellschaftlicher Art sind dem Urproblem der mangelnden Selbstliebe, des mangelnden Selbstwertgefühls zuzuschreiben. Fühlt ein Mensch sich so wie er ist, angenommen und geliebt, hat er genügend »Selbst-Liebe«, dann hat er auch einen guten IchSinn. Ein solcher Mensch hat es nicht nötig, anderen Menschen etwas zu beweisen, sie zu beherrschen, Macht auszuüben, andere zu beleidigen, zu unterdrücken, ständig im Wettbewerb besser sein zu wollen. Ein Mensch mit gutem IchSinn ist eher tolerant, nicht neidisch. Er weiß um seinen unantastbaren Wert und erkennt auch in anderen Menschen diesen Wert. In jedem Menschen wohnt ein tiefes Bestreben nach Gesundheit und Wohlergehen. Dieses gilt es zu erhalten und zu fördern, Bedingungen zu schaffen und zu erhalten, die eine optimale Entwicklung ermöglichen, die die positive Vorstellung von Leben und Gesundheit fördern. Zur Gesundheitsfürsorge gehört die Fähigkeit zur positiven Lebensgestaltung. Faktoren, die eine positive Lebensgestaltung beeinflussen, sind:

- Aufbau und Pflege eines positives Ich-Bewusstseins, IchSinns.
- Aufbau und Pflege eines positives Gemeinschaftsbewusstsein, GemeinschaftsSinns.
- Aufbau und Pflege guter Außen- und Innenbeziehungen, FürsorgeSinn.

Vom IchSinn zum GemeinschaftsSinn

Ein guter »Ich-Sinn« ist die Basis eines guten Gemeinschafts- und Fürsorgesinns. Der chilenische Wissenschaftler Maturana sieht im Fehlen der Liebe und in der Zunahme der Konkurrenz die Übel der menschen- und gesellschaftsfeindlichen Entwicklungen. Nur die Liebe als Grundhaltung im Zusammenspiel des freien fürsorglichen Gebens und Nehmens machen das »Soziale« im Menschen aus, machen den Menschen menschlich, die Gesellschaft menschlich und lassen sie gesund und zukunftsfähig wachsen. Maturana weiter: »Was das besonders Menschliche an der Liebe ist, ist nicht die Liebe, sondern was wir in Liebe als Menschen tun ... es ist die spezielle Art und Weise, wie wir als soziale Wesen sprachlich miteinander umgehen ..., ohne Liebe sind wir keine sozialen Wesen.«[10] Leonardo Boff hat einmal gesagt, dass der Mensch ohne Sorge aufhört, Mensch zu sein, die Dynamik des Menschseins kommt aus dem Herzen, aus dem Gefühl, nicht aus dem Verstand. Mit der Pflege des FürsorgeSinns wird die Ausbildung der positiven Sorge angestrebt. Eine negative Sorge kann einen Menschen entmündigen, ihn ständig kontrollierend und »klein« machend fragen: »Schaffst du das wirklich, ist dir das nicht zu viel, übernimmst du dich nicht, das ist aber nicht gut für

dich.« Die positive Sorge ist auf Anteilnahme gerichtet, sie stützt alle Kräfte und Ansätze der Person und Situation, sie beschreibt dabei die gefühlsmäßige und respektvolle Anteilnahme. Wenn ein Mensch sich für einen anderen interessiert, schaut wie es ihm geht, sich um ihn »kümmert«, so entsteht eine Beziehung, es entwickelt sich Schritt für Schritt der FürsorgeSinn. Die Fürsorge ist dabei mehr als nur Verstehen, der FürsorgeSinn umfasst das Einfühlen in die Person und Situation, die Zuwendung in Liebe und respektvoller Anteilnahme. Der FürsorgeSinn kann im Menschen nur gedeihen und wachsen, wenn der Mensch sich selbst wertvoll fühlt, wenn er seine Gefühle spürt und sozial angemessen ausdrücken kann. Hat er einen Zugang zum »Gefühl-vollen«, so kann er sich auch eher in die Gefühle seiner Mitmenschen hineinversetzen, mitfühlend sein und werden. Dieser Wechsel vom eigenen Gefühl in das Gefühl des anderen ist eine menschliche Qualität, die nicht angeboren ist, sondern erlernt werden muss. Ganz kleine Kinder sind zunächst nur in ihrem eigenen Gefühl verwurzelt, »brüllen« und »schreien« u. U. ihre Bedürfnisse und Wünsche ohne Rücksicht in die Welt. Sie schauen nicht – können noch nicht schauen – wie es der Mutter, den Eltern, der Umgebung mit dem Ausdruck des eigenen Gefühls geht.

Empathie

Langsam, ganz langsam erhalten Kleinkinder die Chance, »Sozialwesen« zu werden. Sie lernen die Reaktionen der Umgebung wahrzunehmen und einzuschätzen. Sie lernen, dass die Äußerung der eigenen Bedürfnisse und Wünsche Reaktionen bei anderen auslösen, an Grenzen stoßen können und dass die Menschen ihrer Umgebung auch Wünsche und Bedürfnisse haben. Dieser Prozess der Wahrnehmung und Entwicklung des »IchSinns – GemeinschaftsSinns – FürsorgeSinns« im ausgewogenen Zusammenspiel ist eine tägliche Herausforderung in der Selbst- und Fremderziehung. Das Soziale und Menschliche im Menschen weiter zu säen und wachsen zu lassen, ist eine wesentliche Aufgabe, prägt den Umgang mit Mensch, Natur und Dingen. Das Wesen des Sozialen zeichnet sich aus durch einen herz-lichen und achtsamen Umgang, der sich in Respekt und Toleranz ausdrückt, es ist der gesunde Mutterboden für gesunde Entwicklung des Einzelnen sowie der Gemeinschaft. Aus dem »Kleinen Prinzen« von Saint-Exyupery ist die Aussage »Nur mit dem Herzen sieht man gut« bekannt. Gerade aber mit dem Herzen den anderen Menschen, die Entwicklung von Staat und Gesellschaft zu sehen, wird immer weniger bedeutsam. Gesellschaftliche Entwicklung wird fast ausschließlich über wirtschaftliche Werte, über messbare Ergebnisse definiert, sicher keine gesunde Entwicklung.

Ist der Fürsorge-Sinn weiblich?

Aus der geschlechtsspezifischen Perspektive scheint der FürsorgeSinn bei Mädchen und Frauen, vielleicht aus der biologischen Fähigkeit heraus, Kinder gebären und ernähren zu können, viel ausgeprägter zu sein. Die Fähigkeit, sich in das Gefühl des anderen hinein zu versetzen, mitzufühlen, keinen Schmerz zufügen zu wollen, all diese humanen Eigenschaften gehören zum Fürsorge-

Sinn und sind geschlechtsspezifisch, was Zerstörung und Gewalt angeht, unterschiedlich ausgebildet. Bekanntlich gehen über 80 % aller Straf- und Gewalttaten von Männern aus, auch zerstörerische und machtfixierte Strukturen bis hin zu Kriegen, werden eher von Männern geplant und befürwortet, als von Frauen. Dieses gibt Anlass zum Nachdenken darüber, wie der »FürsorgeSinn«, das (Mit-)Gefühl für den anderen Menschen speziell bei Jungen schon früh in der Erziehung besser ausgebildet werden könnte.

Achtsame Umgangskultur
Respekt vor Mensch, Natur und Dingen

Versuche immer nur so zu handeln,
dass du niemanden in seinem Lebensradius
störst oder behinderst.

Sei immer bemüht, nichts zu zerstören,
keinen Schaden anzurichten.

Suche den Ausgleich,
die Harmonie und den Frieden.

Achte das Anderssein und Andersdenken
deiner Mitmenschen.

Bemühe dich um einen
wertschätzenden Umgang mit
Mensch, Natur und Dingen
in der Gegenwart und Zukunft.

Fördere dein Wohl,
das Wohl und Wachsen
deiner Mitmenschen und deiner Umwelt.

Hedwig Wilken

Auch in der Bibel wird an vielen Stellen auf eine gute positive Lebensgrundhaltung, auf einen guten Umgang, auf die Fürsorge verwiesen. So bei Paulus im Philipperbrief, der aufruft: »Lebt als Kinder des Lichts! Das Licht bringt lauter Güte, Gerechtigkeit und Wahrheit hervor.« In seinem Aufruf zur Eintracht betont er den »Zuspruch aus Liebe, eine Gemeinschaft des Geistes, herzliche Zuneigung und Erbarmen, dann macht meine Freude dadurch vollkommen, dass ihr eines Sinnes seid, einander in Liebe verbunden, einmütig und einträchtig, dass ihr nichts aus Ehrgeiz und Prahlerei tut. Sondern in Demut schätze einer den anderen höher als sich selbst. Jeder achte nicht nur auf das eigene Wohl, sondern auch auf das der anderen.«[11] Der FürsorgeSinn steht allem Zerstörerischen entgegen, er stützt sich auf die Nächstenliebe, auf achtsamen Umgang, auf Freundlichkeit, er ist orientiert am Menschen, am guten Leben für »alle«, er prägt Lebenshaltung und Lebensstil. »Ohne Zuwendung und Sich-kümmern gibt es keine Atmosphäre dafür, dass erblühen kann, was wirklich humanisiert: das tiefe Gefühl der Zusammengehörigkeit, der entschiedene Wille zum Teilen und das Streben nach Liebe.«[12]

Bedingungen zur Entwicklung des FürsorgeSinns

Wie können Bedingungsrahmen aussehen, die Kinder und Erwachsenen helfen, den FürsorgeSinn, den Sinn für das Wohlergehen des anderen, der Gemeinschaft/Gesellschaft, zu fördern? Wichtiges Grundelement ist – wie schon angedeutet – den gut ausgebildeten IchSinn zu fördern: die unbedingte Selbstannahme, das Grundgefühl der Menschenwürde als Wert »Ich bin als Mensch geliebt und geachtet – Ich muss mich in meinem Wert nicht beweisen!« Dieses ist eine Grundhaltung, die dem Kind im Alltag, in vielen kleinen Begegnungen, Äußerungen und Handlungen vermittelt werden kann und sollte. Ein Kind darf nicht nach seinen guten Handlungen und Fehlern bemessen und beurteilt werden, sondern muss in seinen guten Absichten gestärkt werden. Sein Dasein, sein Dabeisein sollte gestützt werden, um ein gutes Selbstwertgefühl, einen guten »IchSinn« aufzubauen, zu fördern und zu pflegen. Die Bildung des FürsorgeSinns hat große Auswirkungen auf den gesamten LebensSinn. Der Mensch spürt seine Wichtigkeit im Geflecht der Gemeinschaft »Ich habe einen Platz in der Gemeinschaft – Ich bin wichtig!« Es ist eine gute Voraussetzung für die gesunde Entwicklung eines guten Lebensgefühls, eines guten LebensSinns.

Der FürsorgeSinn als GemeinschaftsSinn müsste, unabhängig von allen Weltanschauungen und Religionen, im Menschen zum Wohle der Menschen ausgebildet und entwickelt werden.

IchSinn – GemeinschaftsSinn – FürsorgeSinn
Praxishilfe: Verhaltensweisen und Bedingungsrahmen

- Aufbau und Stärkung eines guten Selbstbewusstseins, eines IchSinns, in Alltagssituationen immer wieder auf Stärken und Angenommensein hinweisen »Gut das du da bist! Das kannst du! Das machst du gut! Super, welche Mühe du dir gibst!« Stärkung des menschlichen Wertebewusstseins.
- Aufbau und Stärkung von Kooperation und Hilfsbereitschaft, Abbau von Neid und Wettbewerb. In Alltagssituationen immer wieder auf eigene und fremde Fähigkeiten hinweisen und auf ihre Ergänzung »Schau, das kannst du – das kann der andere, zusammen könnt ihr viel!« Schwächen und Defizite als Hilferuf interpretieren lernen, eine Basis für Hilfsbereitschaft entwickeln.
- Kindern und Erwachsenen kleine Aufgaben und Fürsorgedienste zutrauen und übermitteln, um so zu lernen, Verantwortung für sich und andere zu übernehmen.
- Da es in der Entwicklung der sozialen Fürsorge geschlechtsspezifische Unterschiede gibt, sollte die Ausbildung des FürsorgeSinns bei Jungen besondere Beachtung finden.

- Aufbau der sozialen Fürsorge und Einfühlsamkeit. Im Gespräch und in Situationen immer wieder auch auf die Gefühle und Bedürfnisse der anderen hinweisen. Mit den Kindern das nachfragende Einfühlen üben: Was würdest du jetzt gern in der Situation haben, was wäre schön, was würde helfen?
- Die fürsorglichen und pflegerischen Qualitäten des Kindes können schon früh mit kleinen entsprechenden Aufgaben wie Eltern, Geschwister, Freunde verwöhnen, ihnen einen Wunsch erfüllen, Blumen säen und versorgen, Tiere pflegen, Kranke besuchen, Hilfsbereitschaft zeigen ..., aufgebaut und gepflegt werden.
- Die Bemühungen um einen freundlichen Umgang (siehe »Achtsame Umgangskultur«, S. 37) sollte gemeinsam mit den Kindern besprochen und angestrebt werden, d. h. im Gespräch kann mit den Kindern besprochen werden, was sie im Umgang »gut« und was sie »schlecht« finden und wie sie sich gegenseitig kontrollieren und helfen wollen. Kindorientierte Gruppenregeln und -kontrollen entwickeln. Bei »Fehlern« und »Versagen« könnten gruppen- und gemeinschaftsfördernde Aktivitäten und Aufgaben als Ausgleich vorgeschlagen werden.
- Eine Weise der guten Umgangskultur ist das Zuhören und nichtbewertende Fragen, Nachfragen nach Gefühlen und Empfindungen. Die ehrliche Frage ist der Schlüssel zur Kinderseele!

NaturSinn

Die Wirkkraft der Natur ist nicht definierbar und messbar – aber spürbar und von hoher Kraft. Bei einem Aufenthalt in der Natur werden die körperlichen Organe durch die frische Luft und Bewegung besser durchblutet, die geistigen Sinne durchflutet. Der NaturSinn lässt sich vielleicht auch als Wurzelsinn oder Beziehungssinn bezeichnen, d. h., ein Mensch kann in der Naturbegegnung spüren und erleben, dass alles mit allem zusammenhängt und er ein »Teil des Ganzen« ist. Dieses tiefe Grundgefühl aus dem Naturerleben heraus kann dem

Menschen Kraft und Sinn verleihen, ihn immer wieder stabilisieren, ihm eine gesunde Lebensbasis bieten. Es ist erschreckend, wenn Kinder, und auch Erwachsene, die Natur nur noch in ihrer Funktion und nachweislichen Nutzbarkeit sehen, wenn die Geheimnisse, die Wirkung der Natur, die unmittelbare Faszination, das ästhetische und auch religiöse Gefühl für das Leben reduziert werden oder gar verloren gehen.

Wollen wir den NaturSinn der Kinder erforschen, bilden und fördern, so müssen wir die spezifische Wahrnehmung der Kinder ernst nehmen. Gemeinsam mit den Kindern können Erwachsene sich auf eine neue Wahrnehmungserlebnisreise machen. »Wir haben, denke ich Grund genug, die besondere Anlage des Kindes zu einem innigen Naturverhältnis zu achten und zu hegen, anstatt ihm so schnell wie möglich unser mechanistisches und entseeltes ... Weltbild aufzudrängen ... In der Fähigkeit besonders der Kinder und Naturmenschen, in der Fantasie die Grenzen zwischen belebter und

unbelebter Welt spielerisch aufzuheben, Realitätsebenen zu wechseln und das Ausdruckhafte, Geistig-Seelische der Welt zu erfassen, dürfen wir mit Recht ein kostbares Sensorium erblicken, das aber auch entwickelt und verfeinert werden will.«[13] In die Welt der Kinder einzusteigen, die Fähigkeit zwischen belebter und unbelebter Welt fantasievoll hin- und herzuwechseln, Grenzen aufzuheben und Dinge mit Leben auszustatten, ist ein Wert, ein kindliches Werk oder gar ein Kunstwerk, welches lebensbereichernd sein kann.

Das innere Bild von der Natur, der NaturSinn und das Bild von der Mitwelt formt sich über die sinnlichen Erfahrungen, über Erlebnisse und Erkenntnisse. Die gesundheitsfördernde Wirkung vom Aufenthalt in der Natur ist unbestreitbar. Viele Sinne werden ohne große Mühen angeregt, angesprochen, der Mensch

Eine Beziehung zur Natur aufnehmen

ist bewegt und sinnenreich in Bewegung. Welche Vorstellungen und Grundeinstellungen ein Kind von der Natur und Umwelt hat und entwickelt, hängt stark mit den über die Sinne gemachten Erfahrungen und Erlebnissen zusammen und wie diese verarbeitet und reflektiert werden. Ein NaturSinn, eine Naturbeziehung ist bei Kindern heute nicht unbedingt natürlich da, sie muss sich bilden, gebildet werden. Selbst der häufige Aufenthalt in der Natur führt nicht zwangsläufig zu einem positiven Natur- und Umweltbewusstsein. Die Kinder haben ein »In-der-Welt-Bewusstsein«, sie erleben sich als Teil der Welt. Die Dinge der Welt sind für sie belebt, Umgangs- und Ansprechpartner. Eine Trennung zwischen der eigenen inneren Erlebniswelt und der äußeren Welt entwickelt sich erst im Laufe der Jahre. In kleinen Schritten kann Kindern der Blick für den Unterschied »gewachsene« Welt (Natur) und »gemachte« (Kunst) Welt eröffnet werden. Sie können erlebend lernen, die Natur und Mitwelt zu genießen aber auch mit ihr gestaltend und verantwortungsvoll umzugehen. Dabei gilt es, die kindliche Sichtweise und Wahrnehmung der Welt zu achten und zu schützen, den achtsamen Umgang und den Respekt vor allem Leben und Erlebten zu fördern.

Kindliche
Wahrnehmung

Wie sehen Kinder die Natur und Mitwelt, wie nehmen sie sie wahr? Welches Verständnis haben sie von der Welt? Ganz wesentliche und für diesen Zusammenhang wichtige Aspekte der Weltsicht der Kinder im Vor- und Grundschulalter sind:

- Das Kind begreift sich als Mittelpunkt der Welt, es hat ein stark entwickeltes Ich-Bewusstsein.
- Das Kind unterscheidet zunächst noch nicht zwischen Innen- und Außenwelt. Die Übergänge sind fließend, es vermischt in seiner Wahrnehmung Realität, Fantasie, Wünsche, Gefühle, Vorstellungen …
- Das Kind glaubt an die Allmacht der Menschen, besonders der Erwachsenen, über die Dinge.
- Der Natur und den Dingen wird ein »Lebendigsein«, eine Beseeltheit zugesprochen. Alles in der Umgebung, auch die Elemente sind lebendig und haben Bewusstsein, dieses wird mit Animismus, mythisches Fühlen und Denken umschrieben.

Wenn ihr die Sonne, die rot aufgeht,
nur als Ergebnis elektromagnetischer Wellen versteht,
und dabei nicht – wie das Kind – bedenkt,
dass die rote Sonne einfach schön ist
und Wärme schenkt.
Wenn ihr Dampf, Schnee und Eis,
Wasser von kalt bis heiß
als Aggregatzustände erklärt
und so dem Kind eigene Zugänge verwehrt,
dann ist es vielleicht schon um eure Sinne geschehen.
Doch lasst die Kinder ihre Wege gehen
und sucht nach Teilhabe darin,
dann findet auch ihr wieder Sinn.

Clemens Feldhaus

Kinder erleben die Welt anders als Erwachsene, dieses muss im Umgang mit ihnen ständig bedacht werden. Sie leben ganz nah in Beziehung zu ihrer Mitwelt, zu den Menschen, zur Natur, zu den Dingen. Die »primäre Weltsicht des Kindes«[14], die die frühe Fähigkeit des Kindes bezeichnet, die Natur als beseelt zu betrachten, als ein kommunikatives Gegenüber, gilt es bei Kindern zu achten und auf eine behutsame Weise zu entwickeln, damit diese kindliche Weltsicht langsam übergeht in ein beziehungsreiches, respektvolles Bewusstsein für Natur und Umwelt. Zu frühe Wissensvermittlungen und unkindgemäße Erklärungen von Gesetzmäßigkeiten können die erlebte Faszination und Ausstrahlung der Naturphänomene zerstören und das kindliche Neugier- und Entdeckungsverhalten blockieren.

Erziehende haben die große fordernde Aufgabe, sich möglichst gemeinsam mit den Kindern auf den Weg zu machen, eine wertschätzende Beziehung zur Natur, einen NaturSinn aufzubauen und zu pflegen. Wichtig zur Entwicklung und Pflege eines positiven kindorientierten NaturSinns, ist das direkte bewusste wertschätzende Wahrnehmen, Erleben und Genießen der unmittelbaren Natur, der Elemente Erde, Feuer, Wasser, Luft, Sonne, Mond und Sterne als Urquellen des Lebens. Das Gespräch, der Austausch, die Reflexion über das Wahrgenommene und Erlebte, das kritische Fragen und Hinterfragen soll helfen, die eigenen Eindrücke bewusst zu verarbeiten, sich ein Bild von der Welt zu machen, Werte und Bedeutungszusammenhänge zu erkennen. Eine positive wertschätzende Naturbeziehung soll sich entwickeln können.

Lernen in Zusammenhängen

Ebenso müssen Kinder heute neu lernen, in Zusammenhängen zu denken. Die zersplitterte Weltwahrnehmung fordert von allen am Erziehungsprozess Beteiligten, dem Kind Vernetzungen anzubieten, d.h. das Kind immer wieder Zusammenhänge erleben zu lassen oder zumindest durch Geschichten und Gespräche im Verständnis des Kindes »Ganzheits-Bilder« entwickeln und entstehen zu lassen. Blumensamen, die man sät, kommen nicht letztendlich aus der Tüte. Der natürliche Prozess des Wachsens – Erntens – Sterbens und des Neubeginns kann in kleinen Begebenheiten zum Erlebnis und Erkenntnisprozess werden. Alle am Erziehungsprozess Beteiligten sollten die Alltagschancen nutzen, das Bewusstsein des Kindes als Mitweltwesen mit hoher Verantwortungs- und Handlungsbereitschaft zu bilden und zu pflegen. Das Gespräch, kann helfen, dem Kind wieder Zusammenhänge deutlich zu machen. Wie soll ein Kind verstehen, dass das Geld nicht einfach aus dem Automaten kommt, wenn mit ihm nicht darüber gesprochen wird, dass ein Automat eben nicht automatisch Geld gibt, sondern das es einen Zusammenhang zwischen Arbeit, Bemühung, Anstrengung, Ausdauer, Lohn, Belohnung und Geld gibt.

Elementarerfahrungen und elementares Erleben der Elemente und Phänomene sind die Wurzeln jeglicher Erziehungs- und Bildungsbemühungen. Diese Bemühungen sollten in erster Linie das Wahrnehmen und Erleben der kindlich »nahen« Umwelt – ohne Medien – fördern.

Die Bildung eines positiven Bildes von der Welt meint die Bildung einer umweltgerechten Lebenshaltung als Grundlage für jedes weitere Denken und Handeln. Dem Kind müssen kindgemäß überschaubare Sinnzusammenhänge geboten werden, damit der Beziehungsfaden Kind – Welt nicht zerrissen sondern weitergesponnen werden kann. So kann sich im kindlichen Verständnis, im Bewusstsein zunächst einmal ein positives Fundament bilden. Durch positive, selbstbestimmte, selbstgestaltete und erlebte Prozesse werden Haltungen und tiefergehende Beziehungen zu Mensch, Natur und Dingen als Basis geprägt. Nur wer stabile Wurzeln, d. h. positive verwurzelte Naturbeziehungen hat, der kann auch heftigen zerstörerischen Stürmen widerstehen.

Die unmittelbare und bewusste Wahrnehmung von Natur soll den NaturSinn erhalten und als ein Baustein den Lebens- und GlücksSinn aufbauen helfen!

NaturSinn
Praxishilfe: Verhaltensweisen und Bedingungsrahmen

- Natur erleben und genießen! Sich gemeinsam mit den Kindern möglichst viel Zeit für direkte Naturerlebnisse nehmen.
- Naturerlebnisse nach Bedarf austauschen, gestalterisch ausdrücken, umsetzen, malen, formen, basteln, Geschichten erfinden (Wenn ich ein Baum, eine Blume wäre …), erzählen.

- Naturprozesse im Wechsel (der Jahreszeiten) erleben und beobachten, ggf. kleine Kindergärten/Kräutergärten, oder nur Kresse, Kräutergläser etc., anlegen und in verantwortungsvoller Absprache pflegen.
- Naturzusammenhänge (z. B. Wasserkreislauf, Jahreszeiten, Wetter, Wind …) auf kindgerechte Weise im direkten Erleben oder/und mit Medien – Bilder, Bilderbücher, Geschichten – verdeutlichen.
- Das Bewusstsein um die Schutzbedürftigkeit der Natur und Umwelt, den verantwortungsvollen zukunftsorientierten Umgang mit Natur und Umwelt im Gespräch mit den Kindern ausbilden.
- Die Liebe zur Natur erhalten oder wecken, immer wieder auf die Bedeutung der Natur als Lebensgrundlage des Menschen verweisen.

ZeitSinn

Ich wünsche dir Zeit

Ich wünsche dir nicht alle möglichen Gaben.
Ich wünsche dir nur, was die meisten nicht haben:
Ich wünsche dir Zeit, dich zu freun und zu lachen,
und wenn du sie nützt, kannst du etwas draus machen.

Ich wünsche dir Zeit für dein Tun und Denken,
nicht nur für dich selbst, sondern auch zum Verschenken.
Ich wünsche dir Zeit – nicht zum Hasten und Rennen,
sondern die Zeit zum Zufriedenseinkönnen.

Ich wünsche dir Zeit – nicht nur so zum Vertreiben.
Ich wünsche sie möge dir übrigbleiben
als Zeit für das Staunen und Zeit für Vertraun,
anstatt nach der Zeit auf der Uhr nur zu schaun.

Ich wünsche dir Zeit nach den Sternen zu greifen,
und Zeit, um zu wachsen, das heißt, um zu reifen.
Ich wünsche dir Zeit neu zu hoffen, zu lieben.
Es hat keinen Sinn diese Zeit zu verschieben.

Ich wünsche dir Zeit, zu dir selber zu finden,
jeden Tag, jede Stunde als Glück zu empfinden.
Ich wünsche dir Zeit, auch um Schuld zu vergeben.
Ich wünsche dir Zeit: Zeit zu haben zum Leben.

Elli Michler

»Ich habe keine Zeit!« Geht uns, den Erwachsenen und Kindern, die Zeit, der ZeitSinn als Rhythmus für das eigene Leben, für die eigene Zeitgestaltung, immer mehr verloren? Oder haben wir nicht vielleicht oftmals, bei den vielen Alltagsreizen und Begegnungen, einfach keine Kraft und Energie mehr, uns auf etwas Neues einzustellen, wenn wir sagen »Ich habe keine Zeit!«?
Früher wurden die Könige und Reichen von den schwer arbeitenden Menschen bewundert, weil sie viel Zeit hatten, angeblich nichts tun mussten, sich nicht plagen mussten. Heute hingegen gilt derjenige viel, der einen übervollen Terminkalender hat, der überall dabei ist. Er gilt als wichtig, begehrt und erfolgreich, er erhält Anerkennung, weil er anscheinend den Sinn des Lebens erkannt hat. »Ich habe Zeit« – diese Aussage ist selten zu hören, dennoch zur Pflege des eigenen Lebensstils, zur Pflege von Beziehungen notwendig. Unser Zeit-Sinn, unser Lebensrhythmus bedarf der aufmerksamen Betrachtung. Die Zeitwahrnehmung hat sich deutlich geändert, eine Erziehung zur bewussten Zeitgestaltung im Sinne der Gesundheitsvorsorge erscheint neu und wichtig. Früher kehrte beispielsweise mit dem Anbruch der Dunkelheit »Ruhe« in die Wohnungen und Straßen ein. Heute ist die Lebenswahrnehmung und Lebensgestaltung weitgehend »ent-natürlicht«. Der natürliche Tag-Nacht-Rhythmus (Anspannungs- und Entspannungsrhythmus) kann beliebig aufgehoben, reguliert und selbst bestimmt werden. Bei Dunkelheit machen wir das Licht an, holen uns mit Hilfe der Medien das Leben, Erlebnisse und Informationen, die »Unruhe« ins Haus, der Feier-Abend hat neue Reize, neue Ereignisse. Gibt

es noch einen Feier-Abend, eine Zeit, in der man die Ereignisse des Tages bedenkt, verarbeitet, »feiert«? Die Aufhebung der einst natürlichen Zeitstrukturen macht die Suche nach neuen Strukturen, nach künstlichen Rhythmen der Ruhe und Entspannung unumgänglich.

Gleitet uns die Zeitgestaltung aus der Hand, gibt es zu viel ungesunde Unruhe und Stress, fehlen Ruhe-Räume, so ist es für Erwachsene wie für Kinder sinnvoll, regelmäßig feste Zeiten für sich und die Beziehungs- und Gesundheitspflege einzuplanen und einzuhalten. Eigene Zeiten, Zeiten der Stille, sind dabei mindestens so wichtig, wie die Termine von außen, dieses gilt für Erwachsene und Kinder gleichermaßen. Im Überangebot der Freizeitge-staltung liegt die Gefahr, oberflächlich überall ein-zusteigen, nicht aber vertiefende Interessen und Begegnungen zu pflegen. Sich nicht vom fremd- und konsumgesteuerten Zeitstrom einfangen zu lassen, auch einmal gegen den Strom zu schwimmen – nur »tote« Fische schwimmen mit

Strukturierung und ein fester Zeitrahmen

dem Strom – bedeutet noch eine Beziehung zum eigenen Wesenskern zu haben. Zeit haben ist die Fähigkeit, gegen die Überangebote und An-forderungen Schwerpunkte zu setzen und Grenzen zu ziehen. Bei der zuneh-menden Fülle der Angebote und Reize ist heute mehr denn je die Fähigkeit zu einer klaren Entscheidung und Abgrenzung gefragt, diese muss aber auch geübt werden können. Ein kritischer Umgang mit den Angeboten, der Umgang mit der eigenen Zeitgestaltung muss dem Kind heute von den Erziehenden auf eine bewusste Weise vorgelebt werden.

Stille als Teil des Tagesrhythmus

Eine Erziehung zur Stille macht eben nur durch Vorbildfunktion Sinn. Ein Kind muss, neben aller Lebendigkeit und Aktivität, auch Chancen erhalten, die Stille lieben zu lernen. Erziehende, die den ZeitSinn der Kinder im Wechselspiel von An- und Entspannung ernst nehmen wollen, sollten sich bei der Erziehung zur Stille auch selbst beobachten, schauen, ob sie innerlich zur Ruhe kommen können, ob sie dem Kind überhaupt positive »Stille-Botschaften« senden können.

Erziehung zur Stille

Erziehung zur Stille, zum Schweigen, begann schon sehr früh. Wir lehrten unsere Kinder, still zu sitzen und Freude daran zu haben. Wir lehrten sie, ihre Sinne zu gebrauchen, die verschiedenen Gerüche aufzunehmen, zu schauen, wenn es allem Anschein nach nichts zu sehen gab, und aufmerksam zu horchen, wenn alles ganz ruhig schien. Ein Kind, das nicht stillsitzen kann, ist in seiner Entwicklung zurückgeblieben.
Übertriebenes auffälliges Benehmen lehnten wir als unaufrichtig ab, und ein Mensch, der pausenlos redete, galt als ungesittet und gedankenlos. Ein Gespräch wurde nie übereilt begonnen und hastig geführt. Niemand stellte vorschnell eine Frage, mochte sie auch noch so wichtig sein, und niemand wurde zu einer Antwort gezwungen. Die wahrhaft höfliche Art und Weise, ein Gespräch zu beginnen, war eine Zeit gemeinsamen stillen Nachdenken, und auch während des Gesprächs achteten wir jede Pause, in der der Partner überlegte und nachdachte. Für die Dakota war das Schweigen bedeutungsvoll. In Unglück und Leid, wenn Krankheit und Tod unser Leben überschatten, war Schweigen ein Zeichen von Ehrfurcht und Respekt; ebenso, wenn uns Großes und Bewundernswertes in seinen Bann schlug. Für die Dakota war das Schweigen von größerer Kraft als das Wort.

Luther Standing Bear

Im Bewusstsein um den Wert der eigenen Zeitgestaltung sollte dem Kind zu Hause und in den Kinderinstitutionen viel unverplante Zeit gegeben und gelassen werden. Nur wenn einem Kind ausreichend Zeit zur Verfügung steht, die vielfältigen Eindrücke und Reize zu verarbeiten, hat es auch eine Chance, eine eigene Position zu den Ereignissen zu entwickeln. In der Stille, mit viel Zeit und Geduld können die Eindrücke Wurzeln schlagen und Erfahrungen und Erlebnisse zu Erkenntnissen reifen. Muss sich ein Kind ständig mit neuen Reizen auseinander setzen, während es noch alte Ereignisse zu verarbeiten hat, so wird es vom individuellen inneren Wachstum, vom eigenen Lernen aus Erfahrung abgelenkt. Die Entwicklung eines EigenSinns ist Teil einer menschenwürdigen ganzheitlichen Gesundheitsvorsorge.

Hat es ein Kind durch Überangebote und Überreizungen schon verlernt, sich zurückzuziehen, sich zufrieden allein zu beschäftigen, so können behutsam Hilfen angeboten werden, die Zeit selbstständig nutzen und gestalten zu lernen, Stille, Ruhe und Leerphasen nicht als bedrohlich sondern nach und nach als bereichernd zu erleben. Um dem Kind die Lernmöglichkeiten der eigenen Zeitgestaltung und -strukturierung zu bieten, kann man mit ihm immer zu einer festgelegten Zeit etwas Schönes anschauen, eine Musik hören, einen Spaziergang machen, nur daliegen, sich ausruhen, in der Hängematte schaukeln, spielen, vorlesen, malen ... So kann durch ein wiederholendes Ritual ein erster Ruhe- und Orientierungspol geschaffen werden, es kann zu einer Grundorientierung in der Stilleerziehung kommen.

Kinder brauchen
Rituale

Kinder lieben Gewohnheiten, Rituale und Wiederholungen, sie machen gern immer wieder dasselbe – dieses hat einen Grund. Dieser Grund ist für Erwachsene oftmals nicht einsichtig, muss er auch nicht sein. Das Kind hat ein Recht auf einen eigenen Umgang mit sich und mit der Zeit und somit auch mit Wiederholungen nach eigenem Rhythmus. Wiederholungen bedeuten nicht gleich Eintönigkeit oder Stereotypie, da vielfache Wiederholungen eine kindgemäße Art des Erforschens und Lernens sind. Häufige Wiederholungen können dem Kind Stabilität und festigende Erfahrungen und Erkenntnisse bieten. Oftmals müssen Erziehende es aushalten, wenn ein Kind scheinbar nichts tut, die Zeit einfach »vertrödelt«. Vielleicht kann das Kind ja gerade auf diese Weise einen Zugang zur Selbstverwaltung seiner Zeit finden, es kann seinen Zeitrhythmus kennen lernen und erforschen. Auch dienen Wiederholungen und Rituale dem Aufbau eines Sicherheits- und Geborgenheitsgefühls, »Ich weiß, was geschieht, ich kann mich entspannen, muss keine Angst haben, kann mich fallenlassen in die Situation«.

Die Ruhe- und Stillewahrnehmung im Sinne der Gesundheitsförderung kann bei Kindern und Erwachsenen bewusst auch durch »Nichtstun«, oder aber durch Natur- und Kunstbegegnung, durch meditative Übungen und Spiele erhalten und geweckt werden, damit die Entwicklung eines sinn-vollen Lebens immer mehr möglich ist. Das rhythmische Pendelspiel der Anspannung und Entspannung ist Lebensprinzip. Schon bei Kindern ist auf ein gesundes Verhältnis von An- und Entspannung zu achten, hier insbesondere auf freie Zeiten, Pflege der Sinneswahrnehmungen und auf ausreichende Schlaf- und

Nichtstun oder Meditation?

Ruhephasen. Der längere Weg der Entwicklung des ureigenen Zeitsinnes, die Entwicklung einer Stille- und Ruhewahrnehmung, erfordert das bewusste Wahrnehmen der eigenen Bedürfnisse, erfordert die Unterstützung der Erwachsenen. Entscheidend für eine wohlwollende Haltung dem Kind gegenüber, ist das Zutrauen in die ureigenen Kräfte des Kindes, das Leben individuell und zufrieden nach eigenem Zeitmaß, aus eigener Kraft mit einem wachsenden Selbst-Bewusstsein gestalten zu können. Der Umgang mit der Zeit, die Entwicklung eines gesunden ZeitSinnes ist eine Werteerziehung, die dem Kind im gemeinsamen Alltag zeigt, wie jeder verantwortungvoll seine Interessen und Bedürfnisse im Einklang mit sich und seiner Mitwelt pflegen kann. Körperlich mag dem Menschen durch das Hetzen und Rennen noch nicht die Puste ausgegangen sein, jedoch der Atem der Seele wird immer flacher, die inneren Werte drohen mehr und mehr vernachlässigt zu werden.

ZeitSinn
Praxishilfe: Verhaltensweisen und Bedingungsrahmen

- Zeit haben – Sich gemeinsam mit dem Kind Zeit nehmen. Zeit nicht sofort verplanen, pädagogisch sinnvoll füllen. Zeit haben kann auch einfach nur »Dasein« bedeuten, ohne Worte und Taten.
- ZeitSinn entwickelt sich im Spannungsfeld zwischen freier unverplanter und gestalteter strukturierter Zeit.
- Ungefüllte Zeiten und Stille aushalten, genießen lernen. Kinder nicht ständig zur Beschäftigung auffordern »Nun such dir doch ein neues Spiel, etc.«, Freiräume für Verarbeitungs- und Orientierungsprozesse lassen. Manchmal wollen Kinder einfach nur »gucken«.
- Kindern Freiräume lassen! Kinder ständig beschäftigen wollen, bedeutet Manipulation ihrer eigenen Zeitwahrnehmung, der Verarbeitungs- und Gestaltungsfähigkeit. Dem Kind zutrauen, selbst herauszufinden, was es wann mit wem gerne tun möchte – Behutsame Anregungen und Hilfen können natürlich förderlich sein.
- Strukturen und Rhythmen schaffen. Um Freiheit und Freizeit gestalten zu können, brauchen Kinder und Erwachsene Orientierungspunkte, d. h. zum Beispiel: Bis zum Gongschlag könnt ihr machen was ihr wollt, danach frühstücken wir gemeinsam ...
- Eigene Zeiten – fremde Zeiten, mit den Kindern »Abgrenzung« üben, d. h. einem Kind Lernchancen geben, eine Tätigkeit, für die es sich entschieden hat, zu Ende zu bringen, sich nicht von anderen ablenken lassen. Konzentration, Disziplin und Stetigkeit entwickeln lassen.
- Mit den Kindern gemeinsam Rituale und Regeln entwickeln, die als angenehm empfunden werden, Sicherheit und Stabilität in der Zeitgestaltung bieten und so Kraftquellen sein können.
- Lärm – Stille. Mit den Kindern Stille-Regeln erarbeiten, z. B.: Ich bemühe mich, nicht zu schreien! Wenn ich jemanden anspreche, gehe ich zu ihm! Ich bemühe mich, keine Türen zu knallen, Tische laut

scharrend zu schieben etc.! Ich bemühe mich, niemanden zu stören! Wenn es mir zu laut ist, sage ich es oder ich gebe ein Zeichen!

- Stille-Zeichen. Wählen Sie gemeinsam mit den Kindern ein »Stille-Zeichen«, dieses Zeichen muss allen deutlich machen: Jetzt ist absolute Ruhe!!!! (z. B. Klingel, Glocke, Triangel, Geräuschedose)
- Stille-Inseln schaffen. Im Raum oder in der Institution eine Stille-Ecke anbieten, dort kann ein Kind hingehen, wenn es seine Ruhe möchte, wenn es nicht gestört werden möchte. Dort soll auch nicht gesprochen werden.

Atmosphärischer Sinn – Ästhetischer Sinn

Ein dunkler Raum kann durch die Sonne, durch eine Kerze, eine Glühlampe, ein Kaminfeuer, Neonlicht oder Strahler erhellt werden. Alle Lichtquellen erhellen den Raum, machen Unsichtbares sichtbar – und dennoch – es gibt einen Unterschied. Was macht das Licht mit dem Raum, mit der Person? Warum wirkt eine Kerze anders als ein Neonstrahler? Was lässt die eine Lichtquelle eher warm erscheinen die andere ehr kalt? Was ist gemütlich, behaglich, wie kann Gemütlichkeit hergestellt werden? Was ist es, was einen Menschen auf eine angenehme oder unangenehme Weise berührt, berühren kann? Gibt es so etwas wie einen atmosphärischen und ästhetischen Sinn, ein Sinn für das Schöne und Gestalterische?

Die gute Atmosphäre, das Schöne und Gute im allgemeingültigen Sinne kann und sollte es nicht geben. Jeder Mensch kann für sich definieren, was »schön« ist, was für ihn eine gute Atmosphäre, eine gut gewählte Umgebung, ein guter »Geschmack« in Bezug auf Aussehen, Kleidung, Musik, Kunst etc. ist. Und dennoch – auch die Ausbildung eines atmosphärischen und ästhetischen Sinnes ist stark geprägt durch die Art und den Ort wo und wie man aufwächst, durch die Menschen, die einen erziehen und begleiten. Verliert der Mensch das Gespür, den Sinn für das Schöne, so verliert er einen wesentlichen Teil seines Menschseins.

Die Entwicklung und die Pflege des atmosphärischen und ästhetischen Sinns ist als Baustein des ganzheitlichen Wohlgefühls im Sinne der Gesundheitspflege zu sehen. Vielleicht können diese Sinne auch als »FreudenSinne« bezeichnet werden, d. h., ein in dieser Hinsicht weit entwickelter Mensch ist in der Lage, für sich und andere ein sinnenreiches Wohlgefühl zu schaffen und zu gestalten. Dabei wird das intensive positive Spüren und Erleben einer Person, einer Sache oder Situation in den Mittelpunkt gestellt. Einzelne, mehrere oder alle Sinne im Zusammenklang werden dabei auf angenehme Weise angesprochen, angeregt und »bedient«. Die Augen sehen Angenehmes – Landschaften, Räume, Kunstwerke –, die Ohren lauschen einem schönen Geräusch, einer Melodie, die Nase kann schöne Gerüche aufnehmen, leckere Speisen und Getränke werden angeboten. Die Bewegungsmöglichkeiten stehen im Einklang mit Menschen und Raum, ein Tanzen, Bewegen und Ruhen ist möglich, Mobiliar und die Temperatur sind angenehm. Die

Wohlgefühl für sich und andere schaffen

Menschen zeigen sich interessiert, sie reden miteinander, sie teilen sich mit, sind bereit, im Gespräch aufeinander zu hören, sie wollen sich mitteilen, teilen, was ihnen wichtig ist. Eine angenehme Atmosphäre ist gekennzeichnet durch ein sinnenreiches Wohlwollen, welches von einem Wechselspiel des Gebens und Nehmens, des Einfühlens gekennzeichnet ist!

Die Beschreibung einer Situation, in der in positiver Weise der atmosphärisch-ästhetische Sinn beachtet und gepflegt wird, mag ein wenig illusorisch erscheinen, dennoch kann es deutlich machen, wie elementar bedeutend eine entsprechende Förderung sein kann. Atmosphäre beschreibt dabei die Stimmung der Sinne, des Sinne-Zusammenspiels. Die Entwicklung und Ausbildung eines ästhetischen und atmosphärischen Sinnes aber kann nur in kleinen Schritten gelernt und geübt werden und sollte in diesem Zusammen-hang auch als Pflege eines »Heilmittels«, als Gesundheitsvorsorge betrachtet werden. Kann der Mensch ein Gespür für eine wohlwollende menschen-freundliche Umgebung und Atmosphäre entwickeln und dieses gestaltend umsetzen, so ist dieses sicher als positiv heilsam zu betrachten, als mensch-licher Gewinn. Der ästhetische und atmosphärische Sinn ist eher der rechten Hirnhälfte, der emotionalen Seite des Menschen zuzuordnen, rational also nicht so leicht fassbar und nicht messbar. Es ist ein intuitives Gespür, welches eng mit den Gefühlen verbunden ist.

Es wird auch eher dem sogenannten »weiblichen« Wesen zugeordnet als dem männlichen, was mit der unterschiedlichen Ausbildung und Entwicklung der beiden Hirnhälften in Zusammenhang steht (siehe Kap. 4, S. 140) Die aus-gewogene Entwicklung beider Hirnhälften bei Mädchen und Jungen wäre an-zustreben, dann würden die sozialen, emotionalen und intuitiven Fähigkeiten des Menschen gesellschaftlich vermutlich einen höheren Stellenwert be-kommen. Angesichts vieler menschenfeindlicher Strukturen und einer leis-tungs- und machtorientierten Weltordnung, die viel Ungerechtigkeit, Leid und Stress hervorbringt und die beide eher der Entwicklung der rationalen Hirnhälfte entspringen und eher männlich geprägt sind, stellt sich auch hier die Frage nach einer intensiveren »Gefühlserziehung« bei Jungen, die das Soziale, das Streben nach dem »Guten«, nach einem wohlwollenden Leben für alle zum Ziel hat! Wie aber kann ein Mensch in seiner Erziehung dieses »Gespür« für das Gute, das Schöne als Basis für das Menschsein entwickeln, weiterentwickeln? Die Entwicklung des atmosphärischen und ästhetischen Sinns steht im engen Zusammenhang mit dem Weltbild, mit den Lebenszielen und Inhalten, die ein Mensch vertritt. Verliert er das Gespür für das Schöne, für ein direktes sinnenhaftes Erleben, für das Wohlgefühl der Menschen, so wird dieses ka-tastrophale Auswirkungen haben, der Sinn für das Lebendige muss erhalten bleiben: »Ganz genauso müssen wir darauf achten, dass die Angriffe auf die Sinne des Menschen, auf seine Empfindungen, auf das lebendige Wahr-nehmen, ausbleiben. Realität aber ist, dass sich unsere Wahrnehmungen ganz überwiegend an sterilen und toten Dingen bilden … Aber der Umgang mit dem

Geschlechts-spezifische Aspekte

55

Toten, die Abhängigkeit davon rächt sich und der Sinn für das Lebendige, für das Menschliche geht verloren, wenn er nicht geschult und genährt wird.«[15] Menschen, die sich überwiegend mit technischen Geräten in Räumen mit künstlichem Licht aufhalten (aufhalten müssen) wird ein großer Teil ihrer menschlichen Wahrnehmungskraft genommen, sie werden in ihrem Menschsein reduziert. Das bleibt meist nicht ohne Folgen. Direkte angenehme Sinneserlebnisse sind notwendige Sinnesnahrung.

Sinn für Schönes Ästhetische Bildung mit Kindern sollte den Sinn für das Schöne durch die unterschiedlichen sinnenreichen Ein- und Ausdrucksmöglichkeiten pflegen. Der Mensch soll das Schöne und Gute sehen und genießen können. Die Gestaltung von Räumen und Situationen, die Schaffung von »Stimmungen«, von Atmosphäre, von Gemütlichkeit ist ein Lernprozess, der stark personen- und kulturabhängig ist. Die ästhetische Bildung könnte dem Menschen helfen, im Erleben und Gestalten die »Eigenmacht« zu pflegen oder zu entdecken. In Gestaltungsprozessen kann erlebt und geübt werden. Den Erlebnissen, Begegnungen und Dingen einen Sinn zu geben, die Trennung des Wissens vom

Sinn kann aufgehoben und positiv beeinflusst werden. Kunst und ästhetische Bildung ist Lebensäußerung. Sie drückt aus, was das Leben mit dem Menschen macht, zeigt seine ganz individuelle Sicht des Lebens, ist eng verknüpft mit Sinnerfahrungen. Ein Sinnlosigkeitsgefühl gründet sich im Verlust eines sinnvollen Ich-Bewusstseins. Wer zu sich selbst einen starken Bezug hat, mit sich wertschätzend umgeht, hat eine gute Basis, auch mit Natur und Umwelt pflegend und wertschätzend umzugehen. Kinder und Erwachsene brauchen die sich immer wiederholende Erfahrung »Ich kann etwas tun, ich kann etwas bewirken, ich kann etwas ausdrücken« im Gegensatz zur vielfachen Alltagserfahrung »Ich funktioniere ...«. Der GestaltungsSinn des Menschen muss gepflegt und gefördert werden. Eine wohldosierte Balance von Innen und Außen, von Eindruck und Ausdruck, führt zur Harmonie. Dazu bedarf es im Alltagsleben entsprechend ausreichender Chancen und Möglichkeiten, die sinnenreichen Ein- und Ausdrucksebenen zu pflegen. Die Kunst und die ästhetische Bildung bieten dazu vielfältigste Formen an: Die Sprache, den Tanz, die Musik, die plastische Gestaltung, die Malerei, die Fantasie, das Spiel. Dabei hat auch jeder Sinn eine ganz spezifische SinnesKunst entwickelt, das Sehen gehört zur Malerei, das Hören zur Musik und Dichtung, das Tasten zur plastischen Kunst, und die Bewegung / der Gleichgewichtssinn drückt sich aus in Tanz, Pantomime usw., das Riechen und Schmecken gehört zur Kochkunst.

Erlebt ein Kind beispielsweise immer wieder, wie ein Tisch zu den Mahlzeiten gedeckt und geschmückt wird, – ob bedacht mit Gefühl und Liebe oder aber unachtsam und kühl –, oder wie ein Raum gestaltet wird; ob es wichtig erscheint, zu besonderen Anlässen das Besondere mit Details und Liebe als »besonders« zu bedenken, so hat ein Kind mit entsprechend positiven Basiserfahrungen sicher eine bessere Chance für die Entwicklung eines ästhetischen Bewusstsein im Sinne eines wohlwollenden Menschenbildes.

Sinn für Atmosphäre

Oftmals umklammert die Kinderhand beim Betreten eines unbekannten Raumes die Hand der Mutter ganz fest, es fühlt sich unsicher, unwohl, will den neuen Raum – Lebensraum – nur im Schutz des Erwachsenen betreten, im Vertrauen auf die schützende Hand der vertrauten Person. Was lässt ein Kind spüren, ob es einen Raum betreten kann, ob es einem Menschen begegnen mag, vertrauen kann, Vertrauen entwickeln mag. Der atmosphärische Sinn vermittelt dem Menschen das Gefühl und Gespür, ob die Person oder der Ort, die Situation, gut oder schlecht für ihn ist.

Manchmal sind es eine Reihe sichtbarer Faktoren, die diesen »Sinn« nähren. Bei einem Raum können es Aufteilung, Beleuchtung, Gestaltung, Ausstattung, Blumen, Klang etc. sein, die die positive oder negative Einstellung, das Spürbewusstsein prägen. Bei der Begegnung mit einer Person ist die Ausstrahlung – die Aura – die Offenheit oder Verschlossenheit, der Blick, die Geste, die Bewegung, Körperhaltung entscheidend und prägend, und dennoch ist es möglich, ein positives oder negatives Gespür nicht genau begründen und beschreiben zu können, es ist einfach intuitiv da.

Alle Gefühle sind Ausdruck des Menschen als Einheit, sie sind elementarer Bestandteil des menschlichen Seins und der Menschenentwicklung. Der künstlerische Ausdruck ist der Ausdruck einer Einbildung, d. h. der Mensch hat sich ein Bild gemacht, hat Eindrücke gewonnen, die er mit seiner Einbildungskraft wieder ausdrücken möchte, er möchte gestaltend wirken.

Die Gefühle und der künstlerische Ausdruck der Gefühle gehören zur emotionalen Seite des Menschen. Da wir aber in einer Zeit leben, in der die rationalen und wirtschaftlich fassbaren Werte wichtiger erscheinen und eher das Weltgeschehen bestimmen, wird der emotionalen Seite oftmals nicht die Wertschätzung, die sie zum Wohle einer menschlichen Entwicklung nötig hätte, entgegengebracht. Selbst wenn nur zweck- und zielorientiert gedacht würde, was ja sträflich genug wäre, selbst dann wäre eine Vernachlässigung der emotionalen Kräfte, die Vernachlässigung der atmosphärischen und ästhetischen Sinnespflege menschen- und gesellschaftsfeindlich, da sie den Menschen nicht auf der sozialen und emotionalen Ebene fördert und entwickelt. Der Mensch, der auf der sozialen und emotionalen Seite nicht beachtet und gefördert wird, wird auf die Dauer leistungsunfähig und krank. Das Schöpferische und Gestaltende im Menschen hebt ihn durch seine Tätigkeit aus dem Gefühl der Masse heraus, lässt ihn sich als gestaltendes Individuum im Geflecht der Gemeinschaft, des Lebenssystems spüren. Die Entwicklung und Pflege des ästhetischen und atmosphärischen Sinns bedeutet, mit den Sinnen erleben, was das Leben sinnvoll und schön macht und führt zum Aufbau und Erhalt des LebensSinnes.

AtmosphärischerSinn – ÄsthetischerSinn
Praxishilfe: Verhaltensweisen und Bedingungsrahmen

- Räume und Situationen atmosphärisch »gut« gestalten. Gemeinsam mit den Kindern entdecken, was schön, gemütlich ... ist und schauen, wie sich die Vorstellungen im Raum, in der Situation umsetzen lassen.
- Räume – KitaGruppenräume nicht zu Demonstrationszwecken benutzen: Das haben wir alles gebastelt, gemacht, Reizüberflutung im Raum vermeiden.
- Sehen – Spüren – Staunen. Mit den Kindern gemeinsam das »Schöne« suchen, sehen und spüren. Die Gedanken, Gefühle und Erinnerungen, die beim Anblick von »Schönem« entstehen, mitteilen. Ebenso – als Kontrast – auf persönlich »Unschönes, ästhetisch Schreckliches« hinweisen. Das Kind soll Chancen erhalten, bewusst einen eigenen Geschmack, Stil zu entwickeln. (Was findest du schön?)
- Feste gestalten. Gemeinsam mit den Kindern zu Themen Feste gestalten. Nicht das »Perfekte« ist entscheidend, sondern die Schmuck-Idee und Umsetzung der Kinder, sie sollen probieren und gestalten lernen.
- Geschlechtsspezifische Entwicklung: Der atmosphärischen/ ästhetischen Sinnentwicklung der Jungen besondere Beachtung schenken. Der Alltag zeigt, dass für die Ausgestaltung der Wohnungen, für die Ausgestaltung der Räume (z. B. Blumenschmuck, Weihnachtsdeko etc.) und vielfach sogar für die Auswahl der Kleidung fast ausschließlich immer noch die Frauen zuständig sind. Wohnräume aber sind zu gestaltende »Heimat«, Wohlfühlorte für alle Bewohner.
- Mit Kindern Bilder, Ausstellungen und Museen anschauen. Mit ihnen gemeinsam immer wieder das genaue Hinsehen und Spüren üben und über die eigene Vorstellung, über den eigenen Geschmack wert-frei sprechen.

- Lichtexperimente machen. Mit den Kindern verschiedene Beleuchtungen und Lichtquellen – von der Kerze bis zur Neonröhre – in ihrer »Wirkung« ausprobieren und erspüren lernen. Lichterhüllen basteln, Lichträume gestalten
- Atmosphäre/Stimmung – Mit den Kindern zu verschiedenen Themen »Stimmungsbilder« entwickeln, z. B. was gehört zum Herbst, zum Wasser, zum Wald, zum Kuchenbacken, zum Geburtstag etc. (Wie kommt es zu einer Stimmung/zu einer guten Atmosphäre, was kann man tun?) Stimmungsbilder malen lassen.
- »Kinder-Kunst-Werke«. Kindern viel Raum für die eigene Gestaltung in Bild, Wort, Tanz, Ton ... bieten. Nach dem bekannten Beuys-Prinzip »Jeder Mensch ist ein Künstler« mit den Kindern KunstSinn entwickeln.
- FarbWelten. Gemeinsam mit den Kindern die Farben der Welt anschauen, besprechen, gestalten (Wie viele Farben hat der Himmel, die Erde ...?) Die Wirkung der Farben spüren, z. B. Farbentage gestalten, einen roten, gelben ... Tag, alle ziehen sich rot, gelb ... an, das Licht ist rot, es gibt nur rote Speisen ...

FantasieSinn – UnSinn

Wer keine Zeit zum Fantasieren und Träumen hat, der hat keine Kraft zum Leben, Fantasien und Träume sind Quellen zur Gestaltung der eigenen Lebenswerke. So können sie helfen, die Welt zu verstehen, neue Möglichkeiten zu ahnen, auszuloten, einzuschätzen und zu entwickeln. Fantasien, Träume und »UnSinn« machen sind notwendige Gegenpole zum rein leistungs- und zielorientierten Denken und Handeln. Sie setzen Kräfte frei, sie entwickeln die Neugierde, den Forschergeist, sie wecken den Mut, neue Wege zu sehen und zu gehen. Sie aktivieren das eigene Handeln und Gestalten, sind Grundlage für kreative Schöpfungs- und Gestaltungsprozesse auf allen Ebenen im gesellschaftlichen Zusammenleben.

Die Fantasie ist eine »Ein-Bildungs-Kraft«, eine Vorstellungskraft, die es dem Menschen ermöglicht, sich eigene Bilder von der Welt zu machen. In Fantasien und Träumen ist zunächst alles möglich, keine Ordnung, keine Grenzen und Verbote behindern. Kinder können hinter scheinbar wenigen Strichen ganze Welten und Geschichten sehen und entstehen lassen. Sie sind, soweit keine belastenden Störungen vorliegen, in der Lage, aus einem Holzklotz einen Becher, ein Auto, einen wilden Löwen ... zu machen. Auch ist es dem Kind möglich, sich im Spiel und Theaterspiel pantomimisch auszudrücken, es stellt sich Gegenstände, Personen und Situationen vor und geht mit ihnen real um. Für den Menschen kann es mitunter wichtig sein, sich in Welten hinein zu bewegen, die real nicht unsere sind, es hilft, die Perspektiven, den Blick auf das Leben zu verändern, nicht »starr« zu werden. Die taubblinde Schriftstellerin Helen Keller betonte den Wert der Fantasiewelt: »Für uns gilt so gut wie für den Sehenden die Wahrheit, dass zu der allerschönsten Welt immer nur die Fantasie führt. Wünschest du etwas zu sein, was du nicht bist – etwas Schönes, Edles, Gutes – so schließe deine Augen und für die kurzen Sekunden eines Traumes bist du, was du zu sein begehrst.«[16]

Antoine de Saint-Exupery erzählt im kleinen Prinzen darüber, dass Erwachsene in Kinderzeichnungen immer nur das sehen, was augenscheinlich ist, sie benutzen nicht ihre Fantasie, entdecken keine Bilder hinter den Bildern des ersten Eindrucks. So ist er als Sechsjähriger enttäuscht, dass die Erwachsenen bei seiner ersten Zeichnung nur einen Hut erkennen, obwohl er eine Riesenschlange dargestellt hatte, die einen Elefanten verdaut. Nach dieser Erfahrung erkennt er, dass die großen Leute nie etwas von selbst verstehen und es den Kindern zu anstrengend ist, ihnen immer und immer wieder alles erklären zu müssen. Sicher müssen viele Kinder häufig ähnliche Erfahrungen mit Erwachsenen und Erziehenden machen. Pavel Kohut hat, bezugnehmend auf die

Elefantenzeichnung von Saint-Exupery, die Bedeutung der Fantasie für die »Weltentwicklung« beeindruckend deutlich gemacht, so sagt er: »Ich denke immer, solange es Leute geben wird, die imstande sind, zu behaupten, dass sich unter einem Hut ein Elefant befinden kann, und vor allem, solange es Leute gibt, die bereit sind, das zu glauben, so lange gibt es für die Welt eine gewisse Hoffnung. Wenn die Fantasie aus der Welt verschwindet, dann ist es meiner Meinung nach aus mit dem ganzen menschlichen Leben.«[17] Im Alltagsleben aber fehlt häufig der Freiraum für Fantasie, Kreativität und UnSinn, schon der Alltag des Kindes scheint häufig sehr verplant, strukturiert, fremdbestimmt. Selbst wenn üblicherweise die Wortbedeutung von Unsinn – Unverstand, Fehlen von Sinn ist, so hat das »Unsinnmachen« doch Sinn. Einfach einmal nur UnSinn machen, Worte verdrehen, Rollen verschieben, Grimassen schneiden, sich verkleiden, albern sein, Quatsch reden, kleckern und kritzeln …, einfach machen und Spaß haben ohne Ziele und Leistungen im Blickfeld, dieses alles prägt und verbindet Menschen, macht »Sinn«.

Fantasie und Wirklichkeit

Im Spiel, im Fantasiespiel, kann das Kind seine Fantasien an den Grenzen der Wirklichkeit überprüfen, das Fantasiespiel baut eine Brücke vom Inneren zum Äußeren. Ein allmächtiger König zu sein und ein unendlich großes Schloss mit vielen Untertanen zu besitzen, die alle nur darauf bedacht sind, die Wünsche des Königs zu erfüllen … diese Fantasien lassen sich ausmalen und weiterspinnen. Versucht das Kind, diese Fantasien ins Spiel umzusetzen, so wird es recht bald merken, dass schon in der Spielwirklichkeit Gesetzmäßigkeiten und Ordnungen zu beachten sind. Solch ein Kind erlebt schon bald, dass der mächtige König seiner Fantasie sich nur solange behaupten kann, wie er das Wohlwollen seine »Untertanen« besitzt, d. h., das Spiel wird enden, wenn die anderen Kinder sich in ihrer Würde unterdrückt und unwohl fühlen, ihnen die Freiheit genommen wird, wenn der König eben nur an sich und seine Ziele denkt. Das »Königsspiel« ist sehr beliebt, wird in vielen Theaterstücken aufgegriffen, immer wieder gespielt und geträumt, die wechselnden Rollen machen dann deutlich, wie wichtig ein Ausloten, zwischen den eigenen Wünschen und Träumen mit denen der Mitmenschen ist. Für eine gesunde ganzheitliche Entwicklung der Persönlichkeit ist es wichtig, dass das innere

Leben und die äußere Funktionsfähigkeit im Gleichklang wachsen kann. Um ausgeglichen zu leben, muss die Welt der Fantasie mit der Außenwelt in Verbindung gebracht wird. Das geschieht in erster Linie über das Spiel, über das Fantasiespiel.

Im Zwergenwald

Komm mit mir, Kind, zum Zwergenwald,
wo nur der Sang der Mücken schallt,
die Fliege brummt dazu.
Zwei Pfifferling dem Wirt zum Lohn,
dann schlafen wir im roten Mohn
und halten gute Ruh.
Und sind wir fröhlich aufgewacht,
wird schnell das kleine Bett gemacht,
und dann zu Tisch, zu Tisch!
Wir essen frisches Eckernbrot,
Salat mit Hirtentäschelschrot
und einen Silberfisch.
Als Braten gibt es Mäusemilz,
als Tisch dient uns der Fliegenpilz,
ein jeder schmaust und isst.
Komm mit mir, Kind, zum Zwergenwald,
wo nur der Sang der Mücken schallt
und wo man glücklich ist.

Bruno Horst Bull

Bei den Riesen

Und so ist's im Lande der Riesen:
Tischtücher sind breiter als Wiesen,
ein Kuchen ist wie ein Hügel groß,
wie Brotlaibe sind die Rosinen bloß,
dem Bahndamm gleich ist jede Wurst,
man trinkt einen Teich für den ersten Durst.
Und schläfert den Riesen vor Müdigkeit,
so streckt er die Beine drei Stunden weit;
er schiebt ein' Berg sich unter den Kopf,
wie ein Hochwald starrt sein ruppiger Schopf.
Drauf reckt er die Nase empor wie ein Turm,
und schnarcht er, so wütet ein Wirbelsturm.

Hans Fraungruber

Ist ein Kind beispielsweise unsagbar wütend, so will es vielleicht zunächst in seiner Fantasie zerstören, zertrampeln, jemandem den Kopf abreißen und vor allem nie wieder mit ihm spielen. Testet das Kind die Umsetzung seiner aggressiven Wünsche und Fantasien, reißt es der Puppe den Kopf ab oder dem Stofftier die Augen aus, so macht es u. U. Erfahrungen mit den Grenzen der Wirklichkeit. Es erlebt real, dass Zerstörung Folgen hat, die oftmals eben nicht

Fantasie: Brücke von der Innen- zur Außenwelt

rückgängig gemacht werden können und Konsequenzen nach sich ziehen. Das Kind muss, ohne in diesem Falle die negativ zerstörerischen Fantasien einzuschränken, zur Bewältigung des Alltags, der Alltagsaggressionen andere neue Wege erproben. Die unbegrenzten Wünsche der Fantasie, des Unterbewussten, können im Fantasiespiel abgebaut und durch die begrenzten Möglichkeiten der Realität gemindert werden. Viele Spiele geben dem Kind die Gelegenheit, etwas auszuagieren und auszuprobieren, es wird eine Brücke von der Innenwelt zur Außenwelt geschlagen. Mit Hilfe der Fantasiespiele, die als Rollenspiele, als Spiele mit und ohne Materialien stattfinden, kann das Kind bei ausreichender Zeit in seinem Inneren Ordnung schaffen. Ebenso kann es mit Hilfe der Fantasiewelt der zeitweise vielleicht frustrierenden oder enttäuschenden Außenwelt entfliehen. Es kann sich in seiner Fantasiewelt alles zurechtrücken, so wie es wunschgemäß sein könnte, um die Realität dann langsam zu verkraften. Diese Zeit, Kraft und Energie, die ein Kind für die Entwicklung seines »Innenlebens« benötigt, muss ihm zur Verfügung stehen. Es darf nicht ständig beschäftigt, gefördert und gefordert und damit überfordert werden. Hat ein Kind nicht in ausreichendem Maße die Möglichkeit, dieses Innenleben zu entfalten, den eigenen Wesenskern mit allen Wünschen und Ängsten kennen zu lernen, kann das dazu führen, dass es die Eltern und Erziehenden ständig drängt, ihm diesen Kern, dieses »Ich-Gefühl« zu füllen. Das Kind ist unruhig, unausgeglichen, will unterhalten »ausgefüllt« werden: Was kann ich jetzt tun, was machen wir gleich? Das Kind ist nicht in der Lage, sich selbst so zu beschäftigen, dass es sich wohl fühlt, leicht erreichbare Reize wie z. B. die Massenmedien werden herangezogen, um die innerlich gespürte Leere auszufüllen, was ja auch vielfach bei Erwachsenen beobachtet werden kann. Wenn Gelegenheit und Notwendigkeit fehlt, das Leben selbst zu gestalten, übernimmt das Kind auch nicht die Initiative. Es gibt sich der Verantwortung der Erwachsenen hin, es lässt sich fremd bestimmen, begibt sich auf den passiven Weg.

Fantasie braucht Zeit sich zu entfalten

Vermutlich haben die Kinder von heute auch nicht weniger Fantasie als die Kinder früherer Generationen, vielleicht haben sie weniger Zeit, Raum und Muße für die eigenen Fantasien. Durch vorgefertigte Bilder und Produkte der

Massenmedien und Industrie wird die individuelle innere Bilderwelt der Kinder unterdrückt und zerstört, eine Entfaltung wird verhindert.

Da die reiche innere Welt nur mit viel Zeit und Ruhe zur Entfaltung kommen kann, ist es wichtig, Kindern diese Entfaltungsräume zu lassen, ohne ständig nach messbaren Ergebnissen Ausschau zu halten. Die Vermessenheit des Menschen, alles messen zu müssen, ist hier völlig fehl am Platze. Die kraft- und damit gesundheitsfördernde Wirkung von entspannenden Tätigkeiten, vom Träumen und Fantasieren und UnSinnmachen, ist jedem bekannt. In der Erziehung und speziell in der Gesundheitserziehung erscheint es sinnvoll, diesen Werten als Kraftquellen Beachtung und Bedeutung beizumessen.

Aufgabe jeder Pädagogik ist es, dem Menschen beim Entwickeln eines individuellen positiven Lebenswerkes behilflich zu sein. Wie in der Architektur für jedes gute Bauwerk ein stabiles Fundament unverzichtbar ist, so lässt sich denken, dass auch ein gutes Lebenswerk ein stabiles Fundament benötigt. Dafür brauchen Kinder viel Zeit, Zeit zum Spielen und »freie« Zeit. Kinder mit Ausdauer, mit innerer Ruhe, mit eigenen Fantasien, Energien und Kreativität, mit stabilem Selbstbewusstsein sind späteren Anforderungen sicher eher gewachsen, als Kinder, deren Fundament schon Risse und Brüche aufweist, die schon früh überfordert wurden.

FantasieSinn – UnSinn
Praxishilfe: Verhaltensweisen und Bedingungsrahmen

- Kindern Raum lassen, für die eigene Fantasie – Fantasiegeschichten. Sich gegenseitig UnSinngeschichten erzählen, der Fantasie freien Lauf lassen.
- Sich gegenüber Fantasiegeschichten nicht wertend äußern.
- Mit den Kindern in »Unsinnige Welten und Situationen« eintauchen. Einfach zwischendurch in die belebte Kinderwelt einsteigen, beispielsweise sagen, ich bin jetzt der Saftbecher, dein Schuh ..., dein Kuscheltier, was willst du mit mir machen, was soll ich tun?
- Möglichst nicht in vorgezeichneten Formen malen lassen – das führt zu Einschränkung und Einengung der kindlichen Kreativität, der eigenen Vorstellungen!
- Schminken/Verkleiden. Gemeinsam mit den Kindern thematisch frei oder gebunden immer wieder einmal Schmink- und Verkleidungsaktionen durchführen, beispielsweise auch mit Materialthemen. Verkleiden nur mit Zeitungspapier, schwarzer Folie, Plastiktütenschnipseln, Naturmaterialien.
- Fantasiegedichte und -lieder erfinden.
- Alltagsunsinn machen – plötzlich einfach rückwärts gehen, oder sagen, das gerade die Stimme abgestellt wird und das Kind den Knopf zum Einschalten suchen muss, oder auf dem Bürgersteig nur auf bestimmten Linien gehen können, oder einen »Noch-nie-Tag« einlegen und viele Dinge tun, die man noch nie tat.
- Moderne Kunstwerke anschauen und Kinder erzählen lassen!

3. Sinnes-Wandel
   Entwicklung und Förderung der
   organischen Sinneswahrnehmungen

Alle Sinne und alles Sinnhafte gehört zum Menschen als Zusammenspiel der wirksamen Kräfte, die ihn von Innen und Außen prägen. Eine hier vorgestellte Einzelbetrachtung eines Sinnes, einer Sinnbedeutung soll nicht einer weiteren Spaltung dienen, sondern eine intensivere Betrachtung fördern. Dabei ist die vielschichtige Betrachtungsweise des Sinnes, der Sinneswahrnehmung das Ziel. Der Mensch ist ganz Sinnesorgan, alle Wahrnehmungen bilden eine Einheit. Die Sensibilisierung und Bewusstmachung der Sinnesqualitäten fördert die ganzheitliche Lebenswahrnehmung und damit Wohlbefinden und Gesundheit.

Manchmal ist der Blick durch ein Vergrößerungsglas hilfreich, um eine genauere neue Sichtweise, um einen neuen Bedeutungszusammenhang zu erkennen. Es wird dabei paradoxerweise der Sinneszusammenhang auseinander genommen, um vielleicht deutlicher zu erkennen, wie sehr er zusammengehört. Die zwei Begriffe – Bewusstheit und Bewegung – entnommen dem Buch des israelischen Gelehrten Moshe Feldenkrais, der in seiner Philosophie das Zusammenspiel der menschlichen Kräfte betont und seinen Therapieansatz auf die »Bewusstheit und Bewegung« aufbaut, machen deutlich, wie sehr Handeln und Denken miteinander verbunden sind. Beide Begriffe können Motivationsgrundlage sein, sich den einzelnen Sinnen sowie der Gesamtheit der Sinne zu nähern. »Bewusst«, d. h. die Sinnestätigkeit, die Funktion, die Bedeutung ... kann neu entdeckt und wahrgenommen werden. »Bewegung« als Motivation im Sinne von bewegt sein, neugierig sein auf das Neue, auf eine neue und vielfältige Sichtweise. »Bewusstheit und Bewegung« als sinnstiftende Elemente der menschlichen Sinneswahrnehmung, zwei wesentliche

Sinnes-Wandel

Merkmale von Leben und Lebendigkeit. Somit erscheint es sinnvoll, sich den Sinnen, dem LebensSinn, dem Sinn des Lebens bewusst und bewegt zu nähern.

Das Zusammen-
spiel aller Sinne

Da das heutige Alltagsleben zunehmend bestimmte Sinneswahrnehmungen (Auge, Ohr) überfordert und überreizt, andere Sinne (Tast-, Geruchs-, Geschmacks-, Bewegungssinn) immer weniger beansprucht und genutzt werden, kommt es zu einer reduzierten Nutzung der Sinne, dieses kann zu einer Wahrnehmungsverarmung führen. Alle Sinne sind wichtig und die Sinnesbildung hat etwas mit Gefühlen zu tun. Dass das sinnliche Zusammenspiel bedeutsam ist, betont die taubblinde Autorin Helen Keller (1880–1968) auf eindrucksvolle Weise: »Es kommt mir nicht zu, zu sagen, ob wir besser mit der Hand oder mit dem Auge sehen. Ich weiß nur, dass die Welt, die ich mit meinen Fingern sehe, lebendig, farbenfroh und befriedigend ist. Der Tastsinn bringt dem Blinden manche süße Gewissheiten, deren unsere glücklicheren Mitmenschen entbehren müssen, weil ihr Gefühl nicht ausgebildet ist. Wenn sie sich etwas ansehen, stecken sie ihre Hände in die Taschen. Dies ist ohne Zweifel ein Grund, warum ihr Wissen oft so unbestimmt, ungenau und zwecklos ist.«[18]
Zur Wahrnehmung bedienen wir uns der funktionalen Leistung der Sinnesorgane, ohne uns die Funktion jedes Mal bewusst zu machen, was auch gut ist. Ist eine Funktion jedoch eingeschränkt oder gar ganz ausgeschaltet für kurz oder lang, oder gar immer, dann erfährt die Bedeutung des Organs, die ständige Funktionsfähigkeit eine hohe Beachtung. Plötzlich wird klar, wie sehr jede Körperfunktion ein kleines Rädchen im Gefüge des menschlichen Lebens ist und wie schwierig es ist, bei Ausfall einen Ausgleich zu schaffen.
So wie die Muskulatur trainiert und gestärkt werden muss, um das Skelett zu halten – um menschliche Haltung zu wahren, so müssen auch die Sinne, gerade bei reduzierter Forderung, bewusst genutzt, genossen und trainiert werden.

Kleine Geschichte
der Sinnes-
Pädagogik

Die vielsinnige und umfassende Bildung und Erziehung ist keine neue Erkenntnis von Lernpsychologen und fortschrittlich denkenden Pädagogen. Auf den Hauptbegründer der Erfahrungsphilosophie, John Locke (1632–1704), muss in diesem Zusammenhang besonders hingewiesen werden. Er hat in seiner von ihm geprägten Richtung des Sensualismus den Zusammenhang von Verstand und Sinneswahrnehmung geprägt. »Nichts ist im Verstand, was nicht vorher in den Sinnen war«. Auch Comenius, J. A. (1592–1670), Rousseau, J. J. (1717–1778) und vor allem Pestalozzi, J. H. (1746–1827) haben schon auf die vielfältigen Sinneserfahrungen, auf Sinnestraining als Grundlage jeglichen Lernens, als Lernen mit Kopf, Herz und Hand verwiesen. Zu nachhaltigen, grundlegenden Auswirkungen auf heutige Bildungskonzepte ist es trotz der schon vor Jahrhunderten angemerkten Bedeutsamkeit einer ganzheitlichen Lernkonzeption nicht gekommen. Die Reformpädagogiker und Bildungskritiker, die schon um die Jahrhundertwende mit Skepsis und Widerspruch und zu der Zeit mit neuen Konzepten eine »pädagogische Bewegung« in Gang setzten, kritisierten bereits die Intellektualisierung der Schulbildung, sie beklagten eine Verkümmerung der emotionalen und künstlerischen Kräfte des Menschen (Key, E., Montessori, M., Dewey, J., Lietz, H., Steiner, R., Makarenko, A. S., Neill, A. S., Petersen, P. u. a.). Die Verknüpfung von Kognition (Verstand, Rationalität, Vernunft) und Emotionalität (Sinneswahrnehmung, Gefühle) zu einem ganzheitlichen Erziehungs- und Bildungskonzept hat sich bisher weder in der Theorie noch in der Praxis grundsätzlich durchsetzen können. [19]

Es finden sich sehr unterschiedliche Einteilungen, Kategorien und Bedeutungsinterpretationen zu den Sinnen, zu ihren Funktionen. Die griechische Philosophie mit Aristoteles benannte nur die fünf klassischen Sinne mit sichtbaren Organen: Ohr (Hören), Auge (Sehen), Zunge (Schmecken), Nase (Riechen), Haut (Tasten). Hinzu kam dann der körperliche Gleichgewichts-/Bewegungssinn mit dem Organ hinter dem Ohr.
Je nach pädagogischer Ausrichtung und Anthropologie, wurden die Sinne dann in neue und erweiterte Sinnbereiche eingeteilt.
Rudolf Steiner, der Vater der Anthroposophie, beschreibt in seiner ausführlichen Sinneslehre zwölf Sinne des Menschen. [20] Er unterteilt dann wieder in drei Oberbereiche: In Willenssinne, Gefühlssinne und Erkenntnissinne. Diese drei Bereiche lassen sich wiederum mit dem von Pestalozzi begründeten Lernen mit »Kopf (Erkenntnissinn) – Herz (Gefühlssinn) und Hand (Willens-Tätigkeitssinn)« verbinden.

Die Bewegungspädagogin Renate Zimmer unterscheidet noch einmal zwischen körpernahen und körperfernen Sinnen[21], Helga Zitzelsberger trennt dann deutlich zwischen äußeren und inneren Sinnen.[22]

Für die hier vorgestellte ganzheitliche Bedeutung eines sinnvollen gesunden Lebens ist eine Einteilung oder gar Wertigkeit einzelner Sinne nicht wesentlich. Wichtig ist nur, das den Sinnen in der Einzelheit sowie im Zusammenspiel bewusst Aufmerksamkeit und Beachtung entgegengebracht wird, damit sie dem menschlichen Wohlgefühl dienlich sind. Sinnliche Wahrnehmung ist mehr als die Summe einzelner Sinnesorgane, es ist ein Zusammenspiel der inneren und äußeren Sinnestätigkeiten. Bei einem Winterspaziergang beispielsweise werden viele Sinneseindrücke erweckt, die alle gleichzeitig oder schnell nacheinander auf den Menschen einwirken. Er spürt die Kälte und auch die Feuchtigkeit auf der bloßen Haut im Gesicht aber auch am ganzen dick eingekleideten Körper. Er sieht es schneien, kann den Winter sogar schmecken, wenn er mit der Zunge Schnee einfängt oder die Winterluft atmet und schluckt, es riecht nach Winter in der vereisten Luft. Dann werden Schneebälle geformt, vielleicht Figuren gebaut. Die Wege sind eisig und glatt, es gilt aufzupassen, um nicht auszurutschen.[23] Das Zusammenspiel der wirkenden Sinne zur Gesunderhaltung und zur Unterstützung der Persönlichkeitsentwicklung ist wesentlich. Niemals ist nur ein Sinn in reinster Form tätig, eine Aktion löst immer eine Kette von Reaktionen aus, sie wirken im gemeinsamen Wahrnehmungsprozess.[24]

Das eher passive Wahrnehmen, die Benutzung eines Sinnes wird hier eher mit der organischen »Funktion«, z. B. Sehen, Riechen ... beschrieben, das aktive bewusste Wahrnehmen mit Sinnerleben und -erkennen als »Schauen,

Schnuppern« ... beschrieben. Das bedeutet, wird die reine Sinnestätigkeit mit einem Gefühl, mit Freude oder gar Genuss verbunden, so können Erlebnisse und Erkenntnisse wachsen, aus einer Funktion wird ein sinnstiftender bewusster Prozess, der das Leben sinnreich macht und so eine Basis für Gesundheit bildet:

- Aus dem Tasten wird ein Spüren
- Aus dem Sehen wird ein Schauen
- Aus dem Hören wird ein Horchen
- Aus dem Riechen wird ein Schnuppern
- Aus dem Schmecken wird ein Kosten
- Aus dem Ungleichgewicht wird Gleichgewicht

Die Sinne in ihren wechselhaften Einwirkungen erzählen dem Kind und dem Erwachsenen von der Welt. Die sechs Sinne mit körperlichen Organen sind wie sechs Saiten der Gitarre, jede ist einmalig und vielfältig in ihrem Klang und jede Saite ist wichtig, jeder Klang hat seinen Wert. Der besondere Ton jeder Saite aber muss entdeckt und zum Klingen gebracht werden, die Musik des Lebens entsteht erst im Zusammenspiel der Töne.

Aus dem Tasten wird ein Spüren

»Ich fühle mich wohl in meiner Haut« – die Haut ist unser größtes Spürorgan, sie überzieht unseren ganzen Körper, ist Hülle und Schutzhülle unseres Innenlebens. Wenn uns etwas »unter die Haut geht«, dann handelt es sich um einen starken Eindruck, gegen den wir uns schlecht oder gar nicht schützen konnten, wir sind stark berührt, getroffen.

Die Haut als Spürorgan kann uns eine Vielfalt von Eindrücken vermitteln. Mit den Händen, Füßen ... können wir die Verschiedenheit der Materialien wie z. B. Stoffe, Früchte, Wände, Steine, Bäume, Erde, Holz, Blumen ... aber auch die unterschiedlichsten Zustände wie glatt, stachelig, pelzig, warm, kalt, trocken, nass etc. in aller Differenziertheit spüren. Die Haut, das größte Sinnesorgan überhaupt, ist hoch empfindlich, ein sensibles und differenziertes Wahrnehmungsorgan. Alles ist mit Haut umschlossen, auch die inneren Organe im Körper. Die Haut, der Tast- und SpürSinn ist als kostbares Gut zu sehen und zu

pflegen, die bewusste Empfindsamkeit ist ein wesentliches Merkmal des gesunden Menschen. Mit Hilfe der Haut, dem Tast- und SpürSinn kann der Mensch die unterschiedlichsten Sinnesempfindungen wie Wärme, Kälte, Hitze, Jucken, Kitzeln, Erregung, Atmungsempfindung, Appetit, Hunger, Durst, Übelkeit, Herzklopfen, Druck, Berührung, Stechen, Muskeldruck, Gelenkdruck, kurzer Schmerz, starker Schmerz etc. spüren und differenzieren lernen. Zum Tasten/Spüren gehören viele Tätigkeitsformen als Handlung: z. B. das Fassen, Tasten, Festhalten, Zupacken, Streicheln, Berühren, Reiben ... Mit der Haut, den Händen und Füßen können wir sehr unterschiedliche Spürerfahrungen machen und auch Gegensätze wie hart/weich, rund/spitz, rau/fein, kalt/warm ... unterscheiden. Die tastenden und forschenden Hände beginnen zu be-greifen, sie er-fassen Zusammenhänge und machen dann Gestaltung möglich. Es bildet sich über die Tasterfahrung ein Verständnis, es findet die Entwicklung vom Begreifen zum Begriff statt. Hände beginnen zu formen, etwas Neues zu gestalten, von den vielen kleinen Kunstwerken beim Kneten und mit Bauklötzen bauen bis hin zu größeren und großen Lebenskunstwerken. Handeln und Gestalten ist an praktische Erfahrungen gebunden. Die Hand übt sich in der Handlung, es entsteht das Handwerk. Mit den Händen beginnt das Kind sich vorsichtig tastend, Schritt für Schritt die Welt zu erobern. Zunächst berührt es vielleicht den eigenen Körper, die warme weiche Mutterbrust beim Stillen. Die kleinen Händchen beginnen die ihnen gebotene Umgebung zu erfassen, gleichzeitig empfängt das Kind auch Berührung. Über die Hände kann Nähe, Zärtlichkeit und Liebe in vielfacher Weise ausgedrückt werden, die zärtlichen Hände können zur bergenden und wärmenden Hülle werden.

Berührungen – ein Spüren von Haut zu Haut – sollten den positiven Spürsinn, die Lust auf Berührung, Begegnung, auf ein Begreifen der Welt mit Neugierde wecken und entwickeln. Die Sehnsucht nach Zärtlichkeit und freundlichen Berührungen, nach Nestwärme und Geborgenheit scheint in jedem Menschen vorhanden zu sein, selbst wenn dieses Urgefühl durch Negativerfahrungen wie Gewaltanwendungen und aggressive Handlungen blockiert oder ver- schüttet ist. Leider sind eben auch negative Erfahrungen mit Berührungen und unfreiwilligem Körperkontakt möglich. Von einer Umgangskultur mit nur warmen freundlichen Begegnungen und Berührungen sind wir weit entfernt, oftmals spüren wir im Alltag eher eine entgegengesetzte Entwicklung: eine raue Umgangsweise, Distanz, Kälte, Abstand. Darauf soll nicht näher einge- gangen werden, da hier im Sinne der Salutogenese nur die gesundheits- fördernden Elemente des Tast- und SpürSinnes von Bedeutung sind.

Die Sinne, der Tast- und SpürSinn bieten dem Geist »Nahrung«. Eine nur rational »gedachte« Welt steuert nur das funktionierende Handeln, ein »gefühltes« praktisches Erleben führt zum eigenständigen kreativen Handeln und Gestalten. Je mehr Sinneserfahrung desto stärker ist die »Intelligenz« des Sinnes ausgeformt, d. h. desto stärker ist eine differenzierte bewusste Wahrnehmung möglich.

Wie können wir den SpürSinn in seiner Vielfalt nähren und erhalten? Bei einer fortschreitenden Entsinnlichung der direkten Erlebniswelten müssen die Rah- menbedingungen für direkte kindliche Erlebnismöglichkeiten mit eigenen Re- flexionen gefördert werden. Die Beschaffenheit der Umgebung direkt zu spüren, bedeutet etwas anderes, als sie nur über die Medien vermittelt zu be- kommen. Selbst zu spüren und sich ein Urteil zu bilden sind wesentliche Qualitäten und machen die Individualität eines Menschen aus. »Ich fühle mich wohl, unwohl ...«. Ein eigenes Gefühl ist Basis für eine eigene Meinung, diese Chance eigensinnig eine Lebenshaltung zu »bilden« sollte dem Kind über eigene Spür- und Tasterfahrungen gegeben werden.

Fühlen – Tasten – Spüren aber entwickeln sich nur durch das praktische Tun. Um unsere Lebendigkeit als Mensch positiv »wach« zu halten, um uns gesund zu halten, müssen wir uns das direkte positive Erleben von Berührungen und Tasterlebnissen erhalten, wir müssen uns das Spüren als Lebens-Wert immer wieder bewusst machen.

**Tasten- Spüren
Sinnespflege –
Sinnesförderung**

Inhaltliche Planung/Reflexion

Um eine differenzierte Wahrnehmung – hier das Tasten/Spüren – zu fördern, empfiehlt sich die Sinneskommunikation, d. h. immer wieder nachzufragen : Wie fühlt es sich an? An was erinnert dich das Gefühl, ist das angenehm oder unangenehm? etc. Wenn etwas hart, weich, spitz, eckig usw. ist, ist das angenehm oder unangenehm? Erziehende, die im Sinne der ganzheitlichen Gesundheitspflege das Zusammenspiel und die Einzeltätigkeit der Sinne pflegen und fördern wollen, können sich, orientiert am Alltagsleben, folgende Fragen/Aufgaben stellen:

- Wo gibt es im Alltag besondere Tast-, Spür- und Fühlerlebnisse?
- Welche Erinnerungen wecken sie?
- Wie können Kinder auf dieses Gefühl reagieren?
- Wie kann ich als Erziehender auf dieses Tast- und Spürerlebnis hinweisen?

- Welche Fragen kann ich als Erziehender zur intensiven Wahrnehmung des Spürens stellen, wie kann ich ein Gespräch einleiten?
- Welche Spiele, Übungen, Geschichten, Lieder haben mit Tasten/Spüren zu tun?
- Wie kann ich zu einem differenzierten Spüren, einer differenzierten Wahrnehmungsbeschreibung anleiten?

Praktische Planung/Organisation

Um diese Bewusstheit der Wahrnehmung im Alltagsleben zu fördern, können sich Erziehende folgende **W**-Fragen als Planungshilfen stellen:
- **W**ann macht das Kind die Sinneserfahrung Tasten/Spüren?
- **W**o macht das Kind die Sinneserfahrung?
- **W**ie kann die Sinneserfahrung bewusst gemacht, gefördert werden, wie können Wiederholungen zur bewussten Festigung des Erlebnisses initiiert werden?
- **W**er macht auf das Sinneserlebnis aufmerksam, wer thematisiert es?
- **W**elche Hilfsmittel, Spiele, Medien … können das Sinneserlebnis unterstützend fördern?

Tastschnur

Spiele und Übungen

An einer langen Schnur werden unterschiedlichste Alltagsfühlmaterialien (z. B. Spülbürste, Dose, Schwamm, Ast, Stroh, Tannenzapfen, Flasche, Plastikbecher, Haarbürste, Stein, Papier, Handfeger, Pinsel, Alufolie, Zollstock, Kartoffel, Styropor etc.) befestigt. Diese Schnur wird möglichst in einem Garten, im Wald zwischen Bäumen und Sträuchern oder im Haus aufgehängt, der Verlauf sollte nicht bekannt sein.

Den Spieler/-innen werden, wenn sie mögen, die Augen verbunden. Sie bilden einen »Tausendfüßler«: Hintereinander stellen sich sie sich auf und legen ihre Hände auf die Schultern des Mitspielers. Die Spielleitung führt den Tausendfüßler an. Er geht zunächst kreuz und quer durch das Gelände, um zum einen die räumliche Orientierung zu erschweren und zum anderen die Konzentration auf das Kommende zu erhöhen.

An der Überraschungsschnur angekommen, stoppt der Tausendfüßler und ruft »Halt«. Die Spielleitung nimmt die Hände der ersten Person und führt diese zur Schnur. In ausreichendem Abstand werden alle Spieler zur Schnur geführt. Die Spielenden tasten sich entlang der Schnur durch das Gelände und befühlen alle Materialien. Dies geschieht möglichst leise, konzentriert und ohne die anderen zu stören. Der Gang an der Überraschungsschnur macht sehr viel Spaß, muss aber gut vorbereitet werden. Durch die blinde Orientierung im Gelände und durch das intensive Tasten gibt es eine neue Zeit- und Raumwahrnehmung.

Die Tastschnur kann auch von einem Kind allein »ertastet« werden.

Wetterbericht

Jedes Kind sucht sich einen Partner, ein Kind legt sich bäuchlings bequem auf eine Decke oder auf den Boden, die Augen können geschlossen werden, die Arme ruhen neben dem Körper. Das andere Kind kniet sich daneben und führt jetzt unter Anleitung des Erwachsenen den »Wetterbericht« als Rückenmassage durch:

- Leise beginnt der Regen, es tröpfelt und tröpfelt!
  Punktuell wird mit den Fingerkuppen die Körperrückseite berührt.
- Der Regen wird stärker und stärker!
  Die Fingerbewegungen werden schneller und intensiver!
- Ein Platzregen setzt ein!
  Mit den ganzen Handflächen wird der Körper behutsam abgeklatscht.
- Es beginnt zu hageln!
  Mit geballten Fäusten werden vorsichtige Klopfbewegungen
  auf dem Körper ausgeführt.

- Der Wind nimmt zu!
  Mit den Handflächen hin und her streifen.
- Blitze zucken am Himmel!
  Mit den Fingerspitzen lauter wilde Blitze auf dem Körper zeichnen.
- Es donnert!
  Wieder mit den geballten Fäusten Klopfbewegungen machen.
- Langsam hört es auf zu regnen, der Regen läuft ab!
  Mit den gespreizten Fingern von der Körpermitte – Rückgrad – nach außen streichen.
- Die Sonne kommt durch!
  Die gespreizten Hände an verschiedene Körperstellen legen und so lange liegen lassen, bis beide Kinder deutlich »Wärme« spüren. Rollenwechsel

Tast-Kim

In einem Stoffbeutel (oder Karton mit Fühlloch) befinden sich die unterschiedlichsten Alltagsmaterialien (z. B. Löffel, Stift, Feuerzeug, Locher, Murmel, Anspitzer, Korkenzieher, Korken, Watte, Lineal, Pinsel, Wolle etc.) Die Kinder greifen der Reihe nach mit einer Hand in den Stoffbeutel, um die Materialien zu erfühlen und zu erraten. Zur Unterstützung der Wahrnehmung können die Augen geschlossen werden. Anschließend werden verschiedene Alltagsmaterialien (s. o.) unter eine Decke gelegt.
Die Kinder warten vor der Tür, ziehen ihre Schuhe aus und werden einzeln zur Decke geführt. Auf dem Fußboden sitzend versuchen sie, die Gegenstände nur mit den Füßen unter der Decke zu erfühlen und zu erkennen. Auch hier können zur Unterstützung der intensiveren Wahrnehmung die Augen geschlossen werden. Werden beide Wahrnehmungsübungen am selben Tag gespielt, so sollten unterschiedliche Materialien gewählt werden.

Zauberkugeln

Zwei Kinder finden sich zusammen. Je nach Möglichkeit wird die Übung im Liegen oder Stehen durchgeführt.
Zunächst wird ein Partner aufgefordert, sich ganz kräftig anzuspannen, sich »hart« zu machen, hart wie ein Stein. Der andere hat nun die Aufgabe, diesen

harten »Menschenstein« mit einer Zauberkugel (Tennisball) wieder zu einem beweglichen, weichen Menschen zu massieren. Behutsam massierend wird die Zauberkugel mit kleinen kreisenden Bewegungen über den ganzen Körper bewegt. So mit der Zauberkugel massiert, wird der versteinerte Mensch wieder beweglich und freundlich. Rollenwechsel

Die Körpermassage mit dem Tennisball wirkt auf einfache Weise entspannend. Durch die vorherige Anspannung und die folgende Entspannung können Verspannungen und Blockaden gelöst und die natürliche Beweglichkeit und Konzentrationsfähigkeit wieder hergestellt werden.

Zaubershampoo

Je 2 Spieler/-innen bilden ein Paar und setzen sich auf den Boden oder mit ihren Stühlen hintereinander. Die hintere Person verteilt ein unsichtbares Zaubershampoo auf dem Kopf und Nacken des Partners. Mit diesem Shampoo wäscht sie diese Partien behutsam, ohne eine Stelle auszulassen. Es ist wichtig darauf hinzuweisen, dass Kopf- und Nackenbereich ganz vorsichtig mit allen Fingerkuppen und langsamen Bewegungen gewaschen werden sollen. Rollenwechsel.

Marienkäfer

Je zwei Kinder bilden ein Paar. Es kann hilfreich sein, wenn sie ein wenig miteinander vertraut sind. Ein Partner stellt sich vor den anderen und schließt die Augen.

Der zweite Spieler wird aufgefordert, mit seinem Zeigefinger ein kleiner Marienkäfer zu sein und so mit der Fingerkuppe über den Körper des Partners zu krabbeln.

Langsam und behutsam krabbelt der Glückskäfer zunächst an einem Bein hoch, dann am anderen. Nun sucht er sich einen Weg über Po, Rücken, Nacken, Arme, Hals, Brust, Bauch – so wie er möchte und wie es für den anderen angenehm erscheint. Der Marienkäfer ist ein sehr lieber Käfer. Er möchte nur ein wenig krabbeln und kitzeln, aber nicht ärgern.

Der Partner summt leise, solange es angenehm ist. Ist es unangenehm, hört er auf zu summen und der Käfer muss sich einen anderen Weg suchen.

Nach einer Weile tauschen die Partner ihre Rollen.

Wenn der Raum es zulässt, kann diese Übung auch im Liegen durchgeführt werden.

Bei eher fremden Personen und älteren Kindern empfiehlt es sich, wegen des Intimbereichs, den Glückskäfer nur über den rückwärtigen Körper krabbeln zu lassen.

Bei dieser Wahrnehmungsübung kommen die Polaritäten der Selbst- und Fremdwahrnehmung, des Gebens und Nehmens auf spielerische Weise zur Geltung. Jeder kann spüren, wie es ist, behutsam selbst zu lenken, zu geben, aber auch machen zu lassen und zu nehmen. Eine wichtige Lebenserfahrung die in einer Übung erlebt und gefestigt werden kann.

Fühlboxen

6 – 10 Kartons oder Beutel mit unterschiedlichen Fühlmaterialien, z. B. Styroporkugeln, Korken, Steine, Sand, Kastanien, Tannenzapfen, Muscheln, Moos, Heu füllen und mit kleinen Fühllöcher ausstatten. Die Fühlboxen/-beutel

so anbieten, dass die Fühlenden sie bequem der Reihe nach benutzen können. Die Augen werden geschlossen.

Nacheinander können die Kinder die Materialien »erfassen«, sie sollen genau wahrnehmen, wie es sich anfühlt, ggf. den Eindruck benennen.

Nach der Übung können die Kinder noch ein Fühlbild zu den Eindrücken malen.

Formkneten

Entweder finden sich zwei Kinder zusammen oder ein Kind und ein Erwachsener, beide Personen haben Knete, eine Person verschließt die Augen (ggf. mit Augenbinden), die andere formt mit der Knete einfache Formen. Jetzt erhält das blinde Kind eine vorgeformte Knetfigur, die es ertastet und dann »blind« nachformt. Anschließend öffnet es die Augen und vergleicht das eigene Werk mit dem »Original«.

Wer ist der Kleinste?

Einem Spieler werden die Augen verbunden. Die anderen stellen sich beliebig in einer Reihe auf. Jetzt wird der blinde Spieler aufgefordert, die Mitspieler durch Ertasten der Größe in eine Reihe zu stellen. Die kleinste Person soll vorne stehen. Die Spielleiterin sollte ggf. dem blinden »Sortierer« als Hilfestellung und zur Raumorientierung die Hand anbieten.

Fußpfad

Flache, oben offene Kartons werden mit Fühlmaterialien unterschiedlichster Art (Kastanien, Sand, Steine, Kies, Styropor, Kühlkissen, Schwämme, Stroh, Schmirgelpapier, Zeitungsschnipsel, Tannenzapfen) gefüllt. Die möglichst flachen und gleichen Kartons werden mit je einem »Fühlmaterial« gefüllt. Die so gefüllten Kartons werden offen zu einem kleinen Fußpfad in einer Reihe aufgestellt, so dass ein problemloses Durchschreiten der Kästen möglich ist. Die Gruppe soll den Fußpfad vorher nicht sehen.

Spielgeschichte zum Einstieg: In vielen warmen Ländern gehen die Menschen stets barfuß. Dort können sie noch sehr gut mit den Füßen fühlen. So fragte eine Indianerin, die noch niemals in ihrem Leben Schuhe getragen hatte, als

sie das erste Paar Schuhe anprobierte: Muss ich jetzt immer »Augenbinden« für die Füße tragen? So sehr »sehen« und fühlen einige Menschen mit den Füßen, dass sie sich blind fühlen, wenn sie Schuhe tragen müssen. Wir können ja einmal ausprobieren, was unsere Füße noch »sehen« können.

Alle gehen in einen Nebenraum oder Flur, ziehen die Strümpfe aus und schließen die Augen, ggf. mit Augenbinden. Nacheinander wird nun jeder Spieler an der Hand des Spielleiters zum Fußpfad geführt. Ganz langsam geht er nun von Karton zu Karton, verweilt kurz mit beiden Füßen zur intensiven Wahrnehmung in einem Karton und geht erst dann weiter.
Für den Fußpfad sollte genügend Zeit zur Verfügung stehen, da es während dieses ungewöhnlichen Fühlerlebnisses immer wieder zu sehr überraschenden Reaktionen (Ängste, Orientierungslosigkeit, Blockaden ...) bei Kindern wie Erwachsenen kommen kann. Bei Unwohlsein muss immer das Angebot des Abbruchs gemacht werden. Wichtig ist eine klare Führung durch die Hand des Begleiters.

Jedem das seine

Die Kinder stehen oder sitzen in einem Kreis und halten die Hände auf den Rücken. Die Spielleitung legt nun jedem einen Alltagsgegenstand (z. B. Korken, Kuli, Radiergummi, Anspitzer, Murmel, Schwamm, Stein, Feder, Pinsel, Stift, Lineal, Löffel …) in die Hand. Jeder befühlt seinen Gegenstand und nimmt die Eigenschaften intensiv wahr. Nach einer Weile werden auf ein Zeichen des Spielleiters die Gegenstände reihum weitergereicht. Es wird solange weitergereicht, bis jeder alle Gegenstände einmal erfühlen konnte. Zur Intensivierung der Wahrnehmung können die Augen geschlossen werden.
Nach dieser Tastrunde werden alle aufgefordert, die Gegenstände, an die sie sich noch erinnern, zu malen oder zu benennen.

Variante: Es werden immer je zwei gleiche Gegenstände verteilt. Die Spielenden gehen blind im Raum umher, ihren Gegenstand auf dem Rücken haltend. Wenn sich zwei begegnen, »begrüßen« sie sich, indem sie gegenseitig ihre Gegenstände ertasten. So versuchen alle »fühlend« ihren Partner zu finden. Haben sich die zwei gefunden, können sie die Augen öffnen und die anderen beobachten, bis sich alle Paare gefunden haben. Anschließend kann es eine neue Runde geben oder diese Übung wird genutzt, um eine andere Partnerübung anzuschließen.

Fühl-Memory

Es werden Bierdeckel mit grüner oder schwarzer Farbe beidseitig angemalt, ggf. lackieren. Dann aus Schmirgelpapier immer zwei (oder vier) gleiche Formen (Kreise, Quadrate, Blöcke, Streifen, Fantasieformen etc.) zuschneiden und auf die Bierdeckel kleben.
Die Kinder schließen ihre Augen oder verbinden sich die Augen. Die Spielleitung legt die beklebten Bierdeckel (Anzahl je nach Alter und Können) mit der beklebten Tastfläche nach oben in einem Rechteck aus. In der ersten Übungsphase ertasten die Kinder je zwei gleiche Formen. In der zweiten Phase kann dieses Ertasten im »Wettbewerb« erfolgen. Mit Hilfe einer Eieruhr/Stoppuhr darf jeder nur eine begrenzte Zeit tasten. Bei »Stopp« ist der nächste an der Reihe. Am Ende ist »Tastkönig/-in«, wer die meisten Paare gefunden hat.

Dieses Fühlmemory kann auch wie ein klassisches Memory aufgebaut und gespielt werden.

Bierdeckel legen

Je zwei relativ vertraute Kinder finden sich zu einem Paar zusammen. Der Raum sollte mit Teppichboden ausgelegt sein oder Matten / Decken zur Verfügung stehen. Eins der beiden Partnerkinder legt sich bäuchlings auf den Boden. Die Augen werden geschlossen, der Kopf ruht auf den Handflächen oder auf dem Boden, wie es dem Einzelnen angenehm erscheint.

Der zweite Partner hat ca. 10 Bierdeckel. Er kniet sich neben den Liegenden. Zunächst wird er aufgefordert, die Rückseite des Liegenden zu »wecken«: Behutsam streicht er eine Weile mit kleinen kreisenden Bewegungen der Handflächen über die Körperrückseite.

Nun werden beliebig viele Bierdeckel auf dem Körper des Partners verteilt. Ist das beendet, macht der Partner es durch einen kleinen Druck an einer Schulter deutlich.

Der Liegende wird vorher aufgefordert, sich auf seinen Körper zu konzentrieren und sich möglichst genau zu merken, wie viele Bierdeckel gelegt wurden. Nach dem Schulterzeichen nennt der Liegende leise die Zahl der gespürten Bierdeckel. Der kniende Partner antwortet, indem er auf den je gelegten Bierdeckel an der entsprechenden Position so kräftig drückt, dass der Liegende eine klare Wahrnehmung hat.

Alle Bierdeckel werden abgenommen. Mehrere Wiederholungen sind möglich, bevor es zum Rollentausch kommt.

Murmelkönig

Etwa 40–50 Glasmurmeln werden auf dem Boden gut verteilt ausgelegt. Die Kinder ziehen ihre Schuhe aus, legen eventuell Augenbinden an oder schließen einfach die Augen. Alle bewegen sich vorsichtig im Raum und fühlen dabei mit den Fußsohlen den Fußboden ab. Dabei können die Arme schützend vor den Körper gehalten werden. Eine ruhige Musik kann die Übung begleiten. Wer eine Murmel ertastet, geht vorsichtig in die Hocke und hebt sie auf. Sind alle Murmeln aufgelesen, so können die Kinder auf ein Zeichen die Augen öffnen. Murmelkönig ist derjenige, der die meisten Glasmurmeln aufgesammelt hat, entsprechend darf er die Murmeln für die nächste Runde im Raum verteilen.

Dieses Spiel eignet sich sehr gut, wenn eine Ausgleichsübung, eine Ruhe- und Konzentrationsübung in Kindergarten, Schule oder Alltag gewünscht wird. Durch eine Konzentrationsverlagerung auf den Tastsinn der Füße hat diese Übung einen ausgleichende Wirkung, – gegen eine einseitige Sinnesbeanspruchung.

Aus dem Sehen wird ein Schauen

Ich sehe dich an, du erhältst Ansehen. Der Augen-blick, den ich dir schenke, den ich dir widme, zeigt Wertschätzung. Ich sage dir mit den Augen, dass ich dich sehe, dass ich dich meine, einen Augenblick lang.

Aber der Blick, der Ausdruck des Auges kann vielschichtig sein. Der Mensch kann viele Blicke senden, einen liebevollen, strafenden, fordernden, einen mitleidigen, verständnisvollen, neidischen, einen verachtenden, suchenden … Auch die Länge eines Augenblicks kann etwas mit der Aussagekraft zu tun haben. Ein kurzer Blick kann abweisend wirken, ein langer Blick kann positiv intensiv aber auch kontrollierend unangenehm sein. Augen können glänzen, als Fenster der Seele können sie die innere Befindlichkeit äußern, sie können eine Fröhlichkeit, Verliebtheit, Zufriedenheit ausdrücken, aber auch den Schmerz, die Trauer oder Krankheit zeigen. Der Mensch kann im Leben alles sehen, nur nicht sich selbst, d. h., sein eigenes Gesicht, seinen Gesichtsausdruck! Auch die Qualität des Sehens ist sehr unterschiedlich, es ist nicht möglich, Unsichtbares zu sehen, es ist aber möglich, Unsichtbares – die Aura eines Menschen, eines Gegenstandes, einer Landschaft – »mit zu sehen«. Sehen und Schauen ist mehr, kann mehr sein als nur ein optischer Reiz, als nur das Gesehene fotografisch-technisch zu erfassen. Ein beziehungsloses Sehen beschreibt die taubblinde Helen Keller sehr deutlich: »Es ist schwieriger,

Unwissenheit denken zu lehren, als einen geistig begabten Blinden die Größe des Niagara sehen zu lehren. Ich bin neben Leuten geschritten, deren Augen voll von Licht sind, und die doch nichts sehen, nichts in Wald, Meer und Himmel, nichts in den Straßen der Weltstadt, nichts in Büchern. Es wäre besser, mit Verstand und Gefühl in ewiger Nacht der Blindheit zu wandeln, als sich so mit der bloßen Verrichtung des körperlichen Sehens zu begnügen! Sie haben Sonnenuntergang, haben Morgenhimmel, haben den Purpur ferner Berge – und ihre Seele geht durch diese Zauberwelt und sieht von aller Schönheit nichts.« [25]

Mit den Augen können wir mit der Außenwelt in Kontakt treten, eine Brücke von innen nach außen bauen. Auch zur Orientierung sind die Augen unerlässlich beschäftigt, sie helfen uns, den Raum in Gebäuden, in der Stadt und Natur zu erfassen, damit wir uns bewegen können. Das Auge vermittelt uns Informationen zu Gestalt, Größe, Form, Lage und Beschaffenheit der Menschen und Gegenstände. Es hilft uns, Farben, Formen, Helligkeit und Dunkelheit … zu unterscheiden. Das Auge erfasst die optischen Reize und sendet sie zum Gehirn, dort werden die Impulse verarbeitet.

Das Auge kann einmal Fakten erfassen, aber es kann auch noch mehr sehen und aufnehmen. So beobachtete eine Schweizer Biologin die unterschiedliche Betrachtungsweise ihrer Studierenden bei der Schmetterlingsanalyse. Studierende aus einer eher sachlich orientierten Schule begannen immer sofort die Schmetterlinge zu zerteilen, zu bestimmen, sachlich zu analysieren. Studierende aus einer ganzheitlich orientierten Schule betrachteten das Tier, schauten es an, sahen die Schönheit und das Wesen des Tieres, bevor sie begannen, ihre Analyse fortzusetzen. Deutlich wird, wie uns unterschiedliches Sehen und Schauen als Haltung und Einstellung prägen kann. Das Sehen des Nicht-Sehbaren beschreibt auch Matthias Claudius in dem bekannten Lied »Guter Mond« »Seht ihr den Mond dort stehen? Er ist nur halb zu sehen, und doch so rund und schön. So sind gar manche Sachen, die wir getrost belachen, weil unsere Augen sie nicht sehen.«

Der Mensch kann sich von dem Gesehenen berühren lassen, er wird berührt. Dem inneren und äußeren Sehen und Schauen sollte ausreichend Zeit und Raum gegeben werden.

Es gibt viele Arten des Sehens und Schauen. Wenn wir mit unseren Augen nach innen schauen, schließen wir sie, versuchen die äußeren Augenblicke, die Bilder der Außenwelt zu Seelenbildern zu machen oder innere Bilder mit äußeren Eindrücken zu verschmelzen.

Eine Landschaft fliegt am Auge vorbei, viele Bilder streifen das Auge, ohne gesehen zu werden und plötzlich berührt ein Eindruck das »innere« Auge. Ein Mensch sieht Bilder, einen Baum, eine Blume auf der Wiese, Wolkenfetzen, Sonnenstrahlen, Schneekristalle ... die ihn anders, besonders berühren – Warum? Die Aufmerksamkeit für das bewusste Sehen ist sehr individuell geprägt, die »Berührbarkeit« von Bildausschnitten der Welt ist eine individuell wundersame Sache. So sehen wir Farben und Formen im Wechsel der Jahreszeiten. Die sonnengelbe Wirkung der Farbfelder des Rapses im Frühling kann unsere Seele anrühren, die mattgelben Getreidefelder lassen uns Wachstum und Ernte spüren, der Wind streift die Felder und bildet neue Formen und Bilder. Die getupfte grüne Farbenvielfalt der Wälderteppiche, die blau-blau wechselnden

Wolkenbilder lassen uns immer neu die Naturschönheiten sehend spüren. Im bewussten Sehen, im Schauen kommt der Mensch durch die Ansicht zur Einsicht, er blickt hinter die Dinge, sieht auch das Unsichtbare. Das Schauen, der schöpferisch anschauende Blick nimmt die Stimmung mit auf, die Einmaligkeit des Eindrucks spiegelt sich im ganz persönlichen Augen-blick.

Inhaltliche Planung/Reflexion

Sehen
Sinnespflege –
Sinnesförderung

Um eine differenzierte Wahrnehmung – hier das Sehen – zu fördern, empfiehlt sich die Sinneskommunikation, d. h. immer wieder nachzufragen: Was siehst du? An was erinnert dich das Gesehene, das Bild? Ist das angenehm oder unangenehm etc.? Wenn z. B. etwas grell, bunt, fahl, eintönig, farbig ist, ist das angenehm oder unangenehm? Erziehende, die im Sinne der ganzheitlichen Gesundheitspflege das Zusammenspiel und die Einzeltätigkeit der Sinne pflegen und fördern wollen, können sich orientiert am Alltagsleben, folgende Fragen/Aufgaben stellen:

- Wo gibt es im Alltag besondere Aussichten, Einblicke, Bilder …?
- Was ist die Sprache des Bildes? Welche Erinnerung weckt es?
- Wie können Kinder auf diesen Eindruck reagieren?
- Wie kann ich als Erziehender auf diesen Einblick … hinweisen?
- Welche Fragen kann ich als Erziehender zur intensiven Wahrnehmung des Sehens stellen, wie kann ich ein Gespräch einleiten?
- Welche Spiele, Übungen, Geschichten, Lieder haben mit dem Sehen, einem spezifischen Schauen, intensiven Betrachten zu tun?
- Wie kann ich zu einem differenzierten Schauen, einer differenzierten Wahrnehmungsbeschreibung anleiten?

Praktische Planung/Organisation

Um diese Bewusstheit der Wahrnehmung im Alltagsleben zu fördern, können sich Erziehende folgende **W**-Fragen als Planungshilfen stellen:

- **W**ann macht das Kind die Sinneserfahrung Sehen?
- **W**o macht das Kind die Sinneserfahrung? Wo kann es diese Sinnerfahrung machen?
- **W**ie kann die Sinneserfahrung bewusst gemacht, gefördert werden, wie können Wiederholungen zur bewussten Festigung des Erlebnisses initiiert werden?
- **W**er macht auf das Sinneserlebnis aufmerksam, wer thematisiert es?
- **W**elche Hilfsmittel, Spiele, Medien ... können das Sinneserlebnis unterstützend fördern?

Spiele und Übungen

Blindspaziergang

Die Kinder werden gebeten, sich einen vertrauten Partner zu suchen, mit dem sie einen kleinen Blindenspaziergang im Raum, auf dem Flur oder im Gelände machen möchten. Beide Kinder stellen sich voreinander und geben sich die Hände, ein Kind schließt die Augen. Das sehende Kind führt nun sehr behutsam das blinde Kind durch den Raum hin und her, es kann auch einmal in die Hocke gehen, ist aber immer verantwortlich für das blinde Kind, muss immer sehr aufpassen. Im weiteren Schritt können die Kinder nur die Handflächen aneinander legen und im nächsten Schritt nur noch die Fingerkuppen, abschließend nur die Zeigefingerkuppen.

Vor dem Rollentausch sollte es eine kleine Orientierungsphase für das blinde Kind geben. Wenn beide Kinder »blind« waren, sollte es Zeit geben, um sich über das Blindengefühl auszutauschen.

Farben und Formen

Es werden Bierdeckel, runde und eckige – 3 je Form – in den Grundfarben Blau, Gelb, Rot und Grün angemalt.

Die Kinder bilden Paare, ein Partner wird aufgefordert, zunächst mit etwa drei bis vier farbigen Bierdeckeln eine Form zu legen. Die zweite Person schaut sich aufmerksam die gelegte Form an und merkt sich die Farbkonstellation. Dann wird die gelegte Form mit einem einfarbigen Tuch abgedeckt. Anschließend versucht die zweite Person die farbige Bierdeckelfigur nachzulegen. Zur Kontrolle wird dann das Tuch wieder entfernt. Es können immer wieder neue Farb- und Formvarianten gewählt werden. Rollentausch

Dieses Wahrnehmungslegespiel kann natürlich auch mit vielen anderen Materialien (Korken, Haushaltsgegenständen, bunten Fäden etc.) durchgeführt werden. Obgleich es zunächst leicht erscheint, fordert dieses Legespiel viel Konzentration, macht aber auch Spaß, da der Schwierigkeitsgrad durch eine größere Farben- und Formenvielfalt variantenreich gestaltet werden kann.

Kronkorkenbilder

Die Kinder bilden Paare, ein Partner schließt die Augen, ggf. mit Augenbinden. Der Sehende legt zunächst mit etwa sieben bis zehn Kronkorken eine Form. Der »blinde« Partner versucht diese Form zu ertasten und anschließend nachzulegen. Ist er fertig, öffnet er die Augen und vergleicht die beiden Formen. Dann werden die Rollen getauscht.

Der Schwierigkeitsgrad kann durch die Anzahl der Kronkorken und durch die unterschiedliche Wahl der Ober- und Unterseiten variiert werden.

Dieses Wahrnehmungsspiel fordert eine erhöhte Konzentration. Die Anforderung kann aber je nach Alter und Lust von den Spielenden stufenweise selbst bestimmt werden.

Seh-Kim

Die Kinder sitzen in einem Kreis. In der Mitte liegen viele kleine Alltagsmaterialien, z. B. Kuli, Radiergummi, Feuerzeug, Kamm, Streichholzschachtel, Glasmurmel, Bleistift, Lippenstift, Stein, Klebestift, Maßband, Lineal, Taschenlampe, Brille, Pinsel, Korken, Bierdeckel, Flaschenöffner …). Alle prägen sich die Materialien ein. Bei der Anweisung »Augen zu« schließen alle die Augen. Jetzt entfernt ein vorher ausgewähltes Kind einen Gegenstand und hält ihn versteckt. Bei der Anweisung »Augen auf« versucht jeder herauszubekommen, welcher Gegenstand fehlt. Derjenige, der zuerst den fehlenden Gegenstand benennt, darf in der nächsten Runde einen Gegenstand entfernen.

Variante: Alle versuchen sich die Alltagsgegenstände (s. o.) einzuprägen, dann werden diese abgedeckt. Daraufhin nennen die Spieler/-innen die Gegenstände, die sie sich merken konnten.

Ich sehe was, was du nicht siehst

Dieses Spiel ist an jedem beliebigen Ort durchzuführen, im Wohnzimmer, Kinderzimmer, Schule, Zug, Auto etc. Ein Spieler bestimmt für sich einen Gegenstand des Ortes, den die anderen erraten sollen. Zu Beginn der Raterunde gibt er einen kleinen Hinweis, z. B. sagt er: »Ich sehe was, was du nicht siehst und das ist weiß«. Jetzt beginnt reihum durch Nachfragen der Mitspieler/-innen das Raten. Alle Fragen dürfen nur mit ja oder nein beantwortet werden. Nach jeder Runde wird so lange ein weiteres Merkmal des Gegenstandes benannt, bis es erraten wurde. Der erfolgreiche Rater darf den nächsten zu ratenden Gegenstand auswählen. Natürlich dürfen immer nur solche Gegenstände ausgewählt werden, die für alle sichtbar sind. Wenn eine Raterunde zu lange dauert, werden die Ratehinweise »auffälliger« formuliert.

Detektive

Alle Kinder sitzen im Stuhlkreis, zwei Kinder werden gebeten, in die Mitte zu treten und sich ganz genau anzuschauen. Das eine Kind stellt sich nun nicht mehr sichtbar von dem Partner entfernt auf und wird von dem anderen genau beschrieben. Alle Kinder beobachten, ob etwas in der Beschreibung vergessen wurde und ergänzen am Ende, anschließend Rollenwechsel, nächste Detektivrunde. Das genaue Beobachten und aufmerksame Ansehen kann auf spielerische Weise geübt werden.

Spiegelpantomime

Die Kinder bilden Paare und stellen sich mit dem Gesicht zueinander auf. Ein Partner bildet spielerisch den Spiegel für den anderen. So beginnt er mit einer bekannten Tätigkeit: z. B. morgendliches Waschen, Zähneputzen, Schminken,

Rasieren oder Frisieren. Die Bewegungen sind langsam und deutlich aus-
zuführen. Der »Spiegel« versucht nun spiegelverkehrt alle Bewegungen nach-
zumachen. Es darf nicht gesprochen werden! Kurze Pause, kleiner Austausch,
Rollenwechsel.

In diesem Wahrnehmungsspiel wird die genaue Bewegung, das genaue
Hinsehen und sich auf den anderen Einstellen gefordert und gefördert. Es ist
ein einfach einzusetzendes Spiel, welches keiner Vorbereitung bedarf und
dennoch beruhigende, spaßbringende und konzentrierende Elemente enthält.

Lieblingskartoffel

Auf einem Tablett liegen ca. 20 Kartoffeln (Muscheln, Steine, Kastanien). Die
Spieler/-innen werden aufgefordert, sich eine Lieblingskartoffel herauszu-
suchen, diese genau zu erfühlen und anzuschauen. Nach der Erkundungs-
phase werden die Augen geschlossen. Die Kartoffel wird von der Spielleitung
unter die anderen Kartoffeln »gemischt«. Jetzt soll nur mit den Händen tastend
die Lieblingskartoffel wiedergefunden werden.

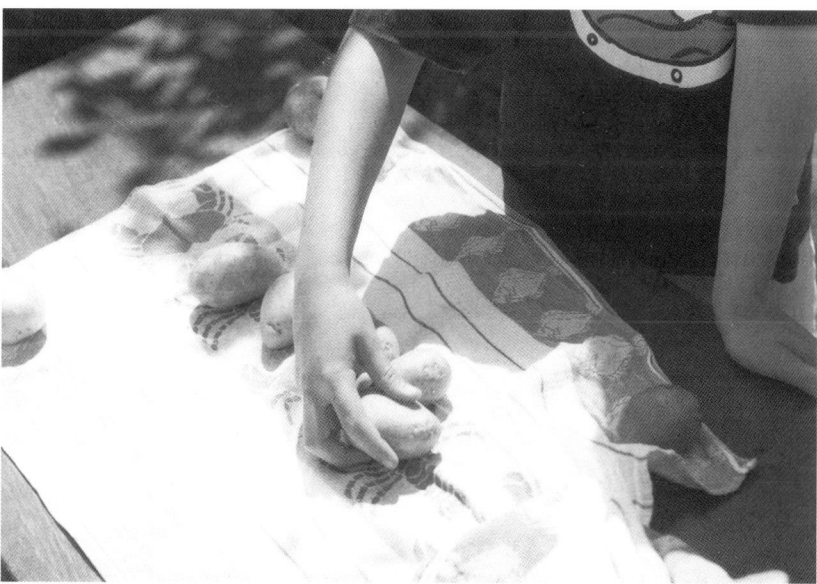

Erneute Versuche sind möglich. Es ist erstaunlich, wie schwer es ist, bekannte Gegenstände, die wir vielfach in den Händen halten, nur über das Tasten in ihren Eigenarten zu erspüren und wiederzuerkennen. Die Aufmerksamkeit für die alltägliche Wahrnehmung wird geweckt.

Etwas ist anders
Die Kinder sitzen im Kreis und schauen sich die Gruppe und den Raum genau an. Ein Kind darf als Rater den Raum verlassen. Im Raum oder bei einer Person wird etwas »verändert«, ein Gegenstand umgestellt, Pullover vertauscht etc. Das Ratekind wird hereingeholt und beginnt mit der Suche nach der Veränderung, ggf. müssen Hilfestellungen gegeben werden, es geht um das genaue Hinsehen und Wahrnehmen, nicht um einen Wettbewerb oder »Blamieren«. Wurde die Veränderung gefunden, kann es eine neue Raterunde geben.

Formen fühlen – Formen sehen
Die Kinder schließen die Augen, ggf. mit Augenbinden. Jeder erhält eine ausgesägte kleine Holzform, die er aufmerksam ertasten soll. Glaubt der Spieler sich die Form ausreichend eingeprägt zu haben, gibt er die Form zurück. Jetzt öffnet er die Augen und versucht die soeben ertastete Form zu zeichnen. Die Holzformen werden ausgelegt und jeder kann seine gemalte Form mit dem Original vergleichen.
Diese Spielübung fördert die Wahrnehmung und die Konzentration auf eine ganz spezifische Form. Bei dieser Übung kann spielerisch ein Lebensphänomen erlebt werden: Oftmals ist eben die individuelle Wahrnehmung nicht mit der Realität deckungsgleich.

Reise in das Farbenland
Mit den Kindern einen Farbentag planen und gestalten. Alle Kinder sind an diesem Tag Grünier, Rotilianer, Schwarzosen, Gelbaner, Lilanesen, Blauländer oder Braunier. Auch kann der Bevölkerungsgruppe eine entsprechende Eigenschaft zugeordnet werden, z. B. die Rotilianer tanzen immer, die Schwarzosen erzählen Geschichten, die Gelbaner sind ganz ruhige Menschen

etc. Spezifische Speisen für ein Farbenland können auch zusammengestellt, der Raum entsprechend geschmückt werden. So können sie sich an diesem Tag alle Kinder entsprechend vorwiegend in der Farbe anziehen, ggf. mit Krepppapier verkleiden.

Aus dem Hören wird ein Horchen
Stille

Ein Indianer verlässt sein Reservat, um einen weißen Freund in New York zu besuchen. Es ist für den Indianer das erste Mal, dass er eine Stadt von dieser Größe betritt. Das Lärmen und Tosen, die Menschenmassen, ihr Hasten und Eilen sind für ihn ungewohnt, befremdend, beunruhigend.
Eines Tages unternimmt der Indianer zusammen mit seinem weißen Freund einen Spaziergang in die Stadt. Plötzlich bleibt der Indianer stehen. Er verharrt regungslos und lauscht. »Was hörst du?«, will der Weiße wissen. »Ich höre eine Grille zirpen,« gibt der Indianer zur Antwort. »Eine Grille? Du träumst,« meint sein weißer Freund. Da geht der Indianer zielstrebig auf ein Gewächs, auf einen wilden Wein zu, der sich an einer Hausmauer empor rankt. Er biegt behutsam einige Blätter der Weinrebe auseinander und – tatsächlich – eine Grille wird sichtbar. Der Weiße ist erstaunt. »Indianer haben eben ein feineres Ohr als wir,« erklärt er. »Du irrst«, sagt der Indianer. »ich will es dir beweisen.« Bei diesen Worten zieht er ein Geldstück, wirft es auf den Boden. Da bleiben mitten im Getöse der Stadt Menschen stehen. Mit ihren Blicken suchen sie den Boden ab. Einer entdeckt auch die Münze, hebt sie auf und nimmt sie an sich. »Siehst du,« sagt der Indianer, »wie gut die Menschen hören. Jeder hört, was er hören will, worauf sein Herz gerichtet ist.«   *Verfasser unbekannt*

Hören wir bei all den uns überschwemmenden Alltagsgeräuschen noch die Melodien des Tages, des Ortes, der Jahreszeit als Zusammenspiel der ganz speziellen Klänge an einem ganz speziellen Ort zu einer ganz speziellen Zeit? Kündet uns das Rauschen der Bäume noch den Regen an? Hören wir, wie der Klang des Meeres sich bei Sonne oder Wind verändert, hören wir den unterschiedlichen »Klang« einer nassen oder trockenen Straße?
Es ist laut geworden um uns herum.

Nicht nur die permanenten Geräusche durch Verkehr, Industrie und Medien, auch die Menschen scheinen mehr und lauter zu reden. Schon in Kindergärten und in Schulen lässt sich beobachten, dass der Ton immer lauter und z. T. auch aggressiver wird, Kinder müssen manchmal schreien, um überhaupt gehört zu werden. Oftmals strömt der Krach- und Geräuschestrom unbeachtet an uns vorbei, ohne überhaupt wahrgenommen zu werden. Dieses kann hilfreich und gut sein, da wir nicht auf all die zugemuteten Hörreize reagieren können, wir können unsere Ohren nicht verschließen, unsere Hörwahrnehmung schlecht schützen. Bedauerlich ist es, wenn das Nicht-Hören zur gewohnten Haltung wird, d. h. wenn durch Überreizung eine Abstumpfung des Sinnes »Hören« die Folge ist. Eine solche Wahrnehmungseinschränkung kann dann auch eine Einschränkung der gesunden Persönlichkeitsentwicklung bedeuten. Das Hören ist beim Menschen sehr unterschiedlich ausgebildet und ausgeprägt, hat verschiedene Qualitäten.

Das Hören dient auch der Orientierung. Am zurück geworfenen Ton, am Hall oder Echo hören wir, ob wir uns in einem kleinen oder großen, möblierten oder unmöblierten Raum oder beispielsweise auf der Straße oder in der Natur aufhalten. Das Ohr »reagiert«, es ist im hohen Maße von einem Gegenüber abhängig, es braucht einen Ton, ein Geräusch, eine Stimme, um stimuliert zu werden. Hören hat auch etwas mit folgen, verfolgen zu tun, bis hin zu dem Abhängigkeitsgedanken: »Ich höre auf ihn/sie – ich gehöre ihm/ihr«. Wenn ein Kind nicht folgsam ist, seinen eigen Willen durchsetzt, sagt man »Das Kind hört nicht«. Die Bedeutung und Doppeldeutigkeit des Begriffes »Hören« wird in vielen Alltagssprüchen deutlich, wie z. B. »Wer nicht hören will, muss fühlen«, »Der wurde übers Ohr gehauen« – oder »Das ist ein Ohrwurm«.

Das Hören als bewusste Tätigkeit, als ein Zuhören im Kommunikationsprozess, als ein genussvolles Lauschen der Naturgeräusche oder einer Musik – dieses Hören und Horchen hat etwas mit bewusster Aufmerksamkeit zu tun. Dabei auch noch die Zwischentöne beachten, das »Nicht-hörbare« hören, dem Klang der Dinge folgen, dieses Hören fordert eine intensive Hörwahrnehmung. Das Hören von Tönen, Klängen, Geräuschen etc. ist sehr individuell, es kann sogar gegensätzlich empfunden werden. Hören ist in der erlebten Qualität nicht messbar, es ist auf den beschreibenden Vergleich angewiesen. Töne lösen im

Menschen Bilder aus, der Hörer macht – malt – aus dem Gehörten ein inneres Bild.

Ein Ton erklingt – und er berührt uns, erzeugt in uns Schwingungen, wir sind berührt. Er kann uns nur berühren, wenn in uns Gehör und Gespür für Ton und Klang ist. Das ist so, als ob in einem Raum, in dem mehrere Saiteninstrumente stehen, nur bei einem z. B. die Saite A angeschlagen wird und auf allen anderen im Raum stehenden Instrumenten auch die Saite A mitschwingt. Ist der Mensch innerlich »vorprogrammiert«, sensibel für ein Geräusch, einen Ton, so kann auch der »innere« Klang des Menschen entsprechend erreicht und berührt werden. Was der einzelne Mensch dabei als harmonisch, angenehm oder unangenehm empfindet, ist dabei sehr individuell und natürlich auch kulturabhängig. Klänge aber wirken nicht nur über das Organ Ohr, sondern auch über die Haut. Es gibt erregende und beruhigende Wirkungen. Töne und Klänge wirken bewusst und unbewusst auf den ganzen Menschen, auf Körper/Kreislauf, Herz, Atmung, Nervensystem, Geist und Seele. In den Kunstparks nach Hugo Kükelhaus gibt es »Summsteine«. In die Öffnung eines solchen Summsteins kann man den Kopf stecken und summen. Die Vibration des Tons zieht sich durch den ganzen Körper bis in die Zehenspitzen. Schon in der Frühzeit wurden diese Art von

Schwingungen durch selbsterzeugte Töne in Höhlen und anderen Orten als »innere« Massage für die Erhaltung der Gesundheit, für die Heilung aber auch in meditativen Zusammenhängen benutzt. Heute gibt es in der Gesundheitsvorsorge und Therapie vielfältige Formen Musik, Töne und Klänge zu nutzen. Das aber auch vom einfachen Summen schon eine beruhigende heilsame Wirkung ausgehen kann, können wir immer wieder beim Beruhigen von Kleinkindern beobachten. Der beruhigende Tonklang, aber auch die Vibration der Stimme, umgeben das Kind mit einer Klanghülle.

Hören ist eine wenig aufdringliche, stille Tätigkeit, die im Zuhören eher freundlich und selten verletzend wirkt. Das »Lauschen – Horchen« unterscheidet sich vom Hören als Qualität vielleicht darin, dass ich mich beim Lauschen auf das Zusammenspiel der Töne und Geräusche konzentriere und nicht wie beim Hören nur auf den Inhalt. Der Klang der Dinge, die Gefühle und Erinnerungen, die durch Töne und Klänge erzeugt werden, prägen im Menschen über das Ohr eine »innere Stimmung«.

Hören
Sinnespflege –
Sinnesförderung

Inhaltliche Planung / Organisation

Um eine differenzierte Wahrnehmung – hier das Hören – zu fördern, empfiehlt sich die Sinneskommunikation, d.h. immer wieder nachzufragen: Wie hört es sich an? An was erinnert dich das Geräusch, ist das angenehm oder unangenehm? etc. Wenn z.B. etwas leise, laut … klingt, ist das angenehm oder unangenehm?

Erziehende, die im Sinne der ganzheitlichen Gesundheitspflege das Zusammenspiel und die Einzeltätigkeit der Sinne pflegen und fördern wollen, können sich, orientiert am Alltagsleben, folgende Fragen/Aufgaben stellen:

- Wo gibt es im Alltag besondere Klänge, Geräusche, Töne?
  Welche Klänge sind es?
- Was ist die Bild-Sprache des Klangs? Was sagt der Ton?
  Welche Erinnerung weckt er?
- Wie können Kinder auf dieses Geräusch reagieren?

- Wie kann ich als Erziehender auf dieses Geräusch hinweisen?
- Welche Fragen kann ich als Erziehender zur intensiven Wahrnehmung des Klanges stellen, wie kann ich ein Gespräch einleiten?
- Welche Spiele, Übungen, Geschichten, Lieder haben mit Klängen, einem spezifischen Klang zu tun?
- Wie kann ich zu einem differenzierten Hören und Lauschen, einer differenzierten Wahrnehmungsbeschreibung anleiten?

Praktische Planung / Organisation

Um diese Bewusstheit der Wahrnehmung im Alltagsleben zu fördern, können sich Erziehende folgende **W**-Fragen als Planungshilfen stellen:
- **W**ann macht das Kind die Sinneserfahrung Hören?
- **W**o macht das Kind die Sinneserfahrung?
- **W**ie kann die Sinneserfahrung bewusst gemacht, gefördert werden, wie können Wiederholungen zur bewussten Festigung des Erlebnisses initiiert werden?
- **W**er macht auf das Sinneserlebnis aufmerksam, wer thematisiert es?
- **W**elche Hilfsmittel, Spiele, Medien ... können das Sinneserlebnis unterstützend fördern?

Spiele und Übungen

Hörmemory

Kleine Gläser (Marmeladengläser/Babynahrung) werden mit einer Farbe so angemalt, dass man von außen den Inhalt nicht sehen kann. Anschließend werden je zwei Gläser mit den gleichen Geräuschmaterialien (z. B. Knöpfe, Münzen, Wasser, Reis, Büroklammern, Murmeln) gefüllt. Die Gläser werden »gemischt«. Nacheinander können die Kinder jetzt versuchen, durch Schütteln und Horchen die je zwei gleichen Geräuschegläser zu erkennen und zu bestimmen.

Variante: Es ist auch möglich, dieses Spiel als klassisches Memory so aufzubauen, dass die Gläser einen festen Standpunkt haben und die Kinder reihum immer zwei Gläser erproben können, hat jemand zwei gleiche erwischt, darf er sie, wie beim Memory, behalten und ist noch einmal dran. Für diese Spielvariante muss es ein größeres Angebot an Geräuschegläsern geben.

Wasserleitung

Alle sitzen im Stuhlkreis, jedes Kind erhält ein leeres kleines Glas. Ein Glas ist halb gefüllt mit Wasser. Einem Kind werden die Augen verbunden. Um die Orientierung zu verlieren, dreht es sich einige Male um die eigene Achse und setzt sich dann in die Mitte. Die anderen Kinder bilden nun die »Wasserleitung«. Wenn jetzt das Wasser von Glas zu Glas weitergegossen wird, muss es ganz still sein im Raum. Das Ratekind wird aufgefordert, genau zu horchen, wo dass Wasser gerade fließt, meint es genau die Stelle zu hören, so zeigt es dorthin. Ist das richtig, darf das nächste Kind in die Mitte, etwa 3 bis 5 Horchversuche pro Kind sind möglich.

Stille Post

Die Kinder sitzen still und konzentriert im Kreis oder in einer Reihe. Ein Kind denkt sich ein langes Wort oder einen Satz aus und flüstert es dem Nachbarn zu, reihum wird das Verstandene in einer »Flüsterkette« weitergegeben. Die letzte Person teilt das Ergebnis mit, dann wird das Ursprungswort verkündet und beide Worte werden verglichen. Die einzelnen Kinder können berichten, was sie verstanden haben, so kann herausgefunden werden, an welcher Stelle es möglicherweise zu Missverständnissen und Verdrehungen kam.

Lied gurgeln

Ein Kind darf ein »Gurgelmusikant« sein, es bekommt einen Schluck Wasser und wird gebeten, ein den Kindern bekanntes Lied vorzugurgeln. Alle Kinder sind aufgefordert, zu raten. Wer das Lied erraten hat, darf das nächste vorgurgeln.

Schiffe lenken

Zwei Kinder finden sich zusammen, ein Kind ist das Schiff, das andere ist der Lotse. Beide vereinbaren ein Signal, z. B. einen Summton. Dem Schiffkind werden die Augen verbunden, das Lotsenkind sucht sich eine entfernte Position im Raum und beginnt mit dem Summton. Das Schiffkind versucht nun das Lotsenkind zu finden und zu berühren, anschließend ist ein Rollentausch möglich. Die anderen Kinder können leise Wassergeräusche machen, d. h. ganz leise Plätscher, Plätscher oder Blubber, Blubber ... murmeln.

Um das Spiel schwieriger zu gestalten, können Hindernisse (Stühle etc.) im Raum aufgebaut werden, dann muss neben dem Lotsensignal noch ein Warnsignal verabredet werden, z. B. der Ruf »Stopp« oder »Halt«. Bei dem Warnsignal muss sofort Halt gemacht werden und das Schiff muss sich einen neuen Weg suchen.

Geräuschebilder

Die Kinder gehen an einen ganz speziellen Ort, z. B. in die Natur, auf einen Bahnhof, Bauernhof etc. Sie werden gebeten, sich einen angenehmen Platz auszusuchen und die Augen zu schließen, um sich ganz auf die Geräusche des Ortes zu konzentrieren. Anschließend sollen sie noch am Ort – ohne vorher zu sprechen – ein Geräuschebild malen. Sie sollen einfach malen ... Später können sie über das Erlebnis der Geräusche und Geräuschebilder sprechen und ein zweites Bild malen, das zweite ist möglicherweise ein anderes, es enthält die Interpretation und Reflexion, das erste dürfte eher geprägt sein vom Gefühl.

Telefonieren

Aus Papprohren unterschiedlicher Länge können sich die Kinder Hörrohre basteln, d. h. zuschneiden und anmalen, bekleben. Mit solchen Hörrohren können sie nun im Raum umhergehen und Geräusche erkunden, alles einmal mit Rohr, ohne Rohr, mit langem oder kurzem Rohr, horchend erforschen. Die Hörwahrnehmung, das genaue und differenzierte Horchen und die Beobachtung der eigenen Empfindung – angenehm, unangenehm –, ist das Ziel.
Die Kinder können sich auch gegenseitig durch das Rohr Hörbotschaften senden.

Rohrtelefon

Mit einem gebastelten und frei aufgehängten längeren, großen Rohrtelefon (unterschiedliche Materialien wie Metall, Holz, Pappe, Plastik, Gummi ...) können die Kinder Hörexperimente machen. Möglicherweise lassen sich auch zwei Räume mit einem solchen Rohrtelefon verbinden. Die Kinder können die Klänge der Räume bewusst erhorchen, sich aber auch Botschaften senden oder Melodien vorsummen.

Geschichtenschatz

Die Spielgruppe richtet sich im Raum eine Ecke zum Geschichtenerzählen ein. Ein Spieler darf zuerst drei Lieblingsworte sagen. Dann denkt sich der erwachsene »Geschichtenerzähler« eine Fantasiegeschichte aus, in der die drei Wörter vorkommen.
Anschließend nennt ein weiteres Gruppenmitglied drei Lieblingsworte. Je nach Lust und Alter, kann ein weiterer Spieler oder aber ein Erwachsener eine neue Geschichte erfinden.
Das Geschichtenerzählen wird im Medienzeitalter nicht gepflegt. Kinder und Erwachsene mögen es aber nach wie vor, Geschichten zu hören und zu erfinden. Deshalb sollten wo und wann immer möglich, Geschichten erzählt und erfunden werden. Dieses fördert das genaue Hinhören, die Fantasie und die Konzentration.

Stille

Ich hörte in die Stille
und die Erde war ganz nah.
Wolkenfetzen erzählten ferne Lieder,
Bäume kitzelten den Horizont.
Lauschend legte ich mich
ins tanzende Gras
eingehüllt vom Stilleraum.

Hedwig Wilken

Aus dem Riechen wird ein Schnuppern

Eine Welt ohne Düfte und Gerüche ist eine Welt der verschwindenden Erinnerungen und Genüsse. Die Nase ist das Gedächtnis der Vergangenheit, oft
der Kindheitserinnerungen. »Es roch nach Weihnachten, nach Brot backen,
Kuchen, nach Kaffee, Zimt, nach Kaminfeuer ...« Schon die Nennung von Düften
und Gerüchen löst bei vielen Menschen sehr individuelle Erinnerungsbilder
aus, zu denen Geschichten erzählt werden können.
Der Geruchssinn als lebensnotwendiger Orientierungs- und Warnsinn hat
heute nicht mehr die Bedeutung, wie vielleicht zu anderen Zeiten oder im
Tierreich: Fährten schnuppern, Wege über das Riechen finden ..., ist Vergangenheit oder wird im Spiel wieder lebendig gemacht.
Gerüche können die Gefühle und Emotionslage des Menschen schnell und
stark beeinflussen. »Das Riechen ist unter allen Sinnesvorrichtungen die am
tiefsten wirksame. Gerüche senken gewissermaßen ihre Wurzeln in tiefste Er-
innerungsgeschichten.«[26] Auch kann mit Gerüchen und Düften bewusst eine
bestimmte Stimmung und Atmosphäre geschaffen und erzeugt werden, wie es
beispielsweise in den Kirchen mit Weihrauch nach einer sehr alten Tradition geschieht.
Die taub-blinde Schriftstellerin Helen Keller bezeichnet den Geruchssinn als
einen vernachlässigten »gefallenen Engel« und misst ihm hohe Bedeutung bei:
»Nach meiner Erfahrung ist der Geruch von der höchsten Bedeutung; auch

finde ich ein hohes Zeugnis für den Adel des Sinnes, den wir vernachlässigt und entwürdigt haben. Denn bekanntlich gebot der Herr, es solle beständig Weihrauch mit einer süßen Würze vor ihm verbrannt werden. Ich bezweifle, dass das Gesicht eine köstlichere Empfindung gewähren kann, als der Geruchssinn durch die Düfte, die aus sonnendurchwärmten, windbewegten Zweigen strömen, oder durch die Flut von Wohlgerüchen, welche Woge auf Woge anschwillt, zusammensinkt, sich wiederholt und die weite Welt mit unsichtbarer Süße erfüllt. Ein Hauch aus dem Weltall lässt uns Welten träumen, die wir nie gesehen haben, ruft uns in einem Nu ganze Zeiträume teuerster Erinnerungen zurück.«[27]

»Ich kann dich gut riechen« sagt eine altbekannte Ausdrucksweise, die deutlich macht, wie sehr das Riechen mit Gefühlen verbunden ist. Die Nase kann als Sympathiesinn bezeichnet werden. Eskimofrauen und -männer reiben sich die Nasen zum Kuss, eine wohlwollende intime Berührung, die deutlich macht: Ich mag dich – Ich kann dich gut riechen. »Immer der Nase nach« – eine weitere bekannte Aussage aus dem Alltagsleben – macht deutlich, dass die Nase »Orientierungssinn« ist.

Die Nase weckt andere Sinne, z. B. den Geschmackssinn. Riecht es nach gutem Essen, wird der Geschmackssinn, der Vor-geschmack geweckt.

Die Nase in fremde Angelegenheiten stecken oder als »Schnüffler« oder hochnäsig zu gelten, sind unangenehme Zuschreibungen. »Das stinkt mir«, diese negative Aussage schreibt der Nase einen Wertungscharakter zu. »Ich habe die Nase voll«, ein Zeichen für Überforderung und Überreizung, die Nase zeigt an, dass das Maß voll ist. Oftmals kann auch eine verstopfte Nase die Chance bieten, auf psychosomatische Zusammenhänge zu schauen: Was verstopft mich, von was habe ich die Nase voll ...?« Hilfen und Zeichen, die der Körper dem Verstand bietet.

Die Nase, d. h. der Geruchssinn hat die Aufgabe, Geruchsquellen ausfindig zu machen, damit vom Verstand unterschieden werden kann »gut«, d. h. Genuss oder »schlecht«, d. h. Belästigung oder Gefahr. Das Spektrum der Gerüche wird meist in sieben Bereiche unterteilt: blumig, minzig, Kampfer, faulig, stechend, ätherisch, Moschus.[28] Wenn es irgendwo gut riecht, beispielsweise auf dem Jahrmarkt nach Zuckerwatte oder Bratwurst, so können wir uns noch

auf unsere Nase verlassen und die Quelle erschnüffeln. Schlechte Gerüche hingegen lassen uns die Richtung wechseln, hin zur »frischen« Luft. Viele Gase und Abgase lassen sich heute aber nicht mehr klar zuordnen, oftmals, wie beim Ozon, kann die Nase nicht einmal mehr die warnende Botschaft aufnehmen und erkennen.

Der Geruchssinn wird heute von der chemischen Industrie und Kosmetik oftmals getäuscht und überfordert. Viele Gerüche werden überlagert, überdeckt, es gibt viele Gemische. Eine Abstumpfung des Geruchssinns ist zu beobachten. Auch werden vielfach bewusst natürliche Gerüche überdeckt, z. B. der natürliche Körpergeruch mit einem Kunstgeruch, mit einem Deo oder Parfüm. In der »Bewertung« gilt heute oftmals der Kunstduft als besser gegenüber dem natürlichen Geruch.

Um den Geruchssinn zu trainieren, ist es wichtig, auf die Nuancen zu achten. Gerüche sind an der Geruchsquelle am intensivsten und »verduften« dann, d. h. sie verflüchtigen sich in der Luft, werden immer unschärfer, unspezifischer. Auch werden Düfte und Gerüche von Pflanzen und Kräutern in ihrer

Wirkung nutzbar gemacht, als begleitende Therapien, Aromatherapie, als Gewürz und zur Haltbarmachung von Speisen.

Riechen rührt die Seele an, weckt Erinnerungen und Bilder. Wir schnuppern an Lebensmitteln und Dingen, um zu überprüfen, ob sie »gut« sind und nur kleine Nuancen im erwarteten Geruch lassen uns schon innehalten, überprüfen, ist alles gut? Riechen, d. h. ein Geruch löst im Menschen einen bestimmten Zustand aus, ein Befinden, ein Gefühl.

Wir brauchen die »gute Luft«, wir brauchen die Nase, die uns die Luft filtert und uns immer wieder zur frischen Luft führt. Das bewusste differenzierte Riechen ist schon fast eine Kunst.

Riechen
Sinnespflege –
Sinnesförderung

Inhaltliche Planung /Reflexion

Um eine differenzierte Wahrnehmung – hier das Riechen – zu fördern, empfiehlt sich auch hier die Sinneskommunikation, d. h. immer wieder nachzufragen: Wie riecht es? An was erinnert dich der Geruch, ist das angenehm oder unangenehm? etc. Wenn z. B. etwas »blumig« riecht, ist das angenehm oder unangenehm?

Erziehende, die im Sinne der ganzheitlichen Gesundheitspflege das Zusammenspiel und die Einzeltätigkeit der Sinne pflegen und fördern wollen, können sich, orientiert am Alltagsleben, folgende Fragen/Aufgaben stellen:

- Wo gibt es im Alltag besondere Gerüche? Welche Gerüche sind es?
- Was ist die Bild-Sprache des Geruchs? Was sagt der Geruch? Welche Erinnerung weckt er?
- Wie können Kinder auf diesen Geruch reagieren?
- Wie kann ich als Erziehender auf diesen Geruch hinweisen?
- Welche Fragen kann ich als Erziehender zur intensiven Wahrnehmung des Geruchs stellen, wie kann ich ein Gespräch einleiten?
- Welche Spiele, Übungen, Geschichten, Lieder haben mit Gerüchen, einem spezifischen Geruch zu tun?

- Wie kann ich zu einem differenzierten Riechen, einer differenzierten Wahrnehmungsbeschreibung anleiten?

Praktische Planung / Organisation

Um diese Bewusstheit der Wahrnehmung im Alltagsleben zu fördern, können sich Erziehende folgende **W**-Fragen als Planungshilfen stellen:
- **W**ann macht das Kind die Sinneserfahrung »Riechen«?
- **W**o macht das Kind die Sinneserfahrung?
- **W**ie kann die Sinneserfahrung bewusst gemacht, gefördert werden, wie können Wiederholungen zur bewussten Festigung des Erlebnisses initiiert werden?
- **W**er macht auf das Sinneserlebnis aufmerksam, wer thematisiert es?
- **W**elche Hilfsmittel, Spiele, Medien ... können das Sinneserlebnis unterstützend fördern?

Schnüffelhunde

Spiele und Übungen

Im Raum werden auf dem Fußboden verschieden gefüllte Gläser, z. B. Wasser mit ätherischen Ölen (Rose, Zitrone, Minze ...) oder mit Alltagsgerüchen: Zwiebeln, Kartoffelschalen, Kaffee, Kakao, Lebkuchengewürz aufgestellt. Einem Kind werden die Augen verbunden, es erhält eine Duftprobe aus einem Glas. Jetzt kann es wie ein kleiner Hund vorsichtig krabbeln und versuchen, nur durch »schnüffeln« die Duftquelle zu finden. Glaubt das Kind den richtigen Duft gefunden zu haben, überprüft der Erwachsene dieses. Anschließend kann eine neue Duftprobe genommen werden. Je nach Alter und gewünschtem Schwierigkeitsgrad können die Gläser mit den Düften auch neue Standorte erhalten. Wollen mehrere Kinder gleichzeitig schnüffeln, so müssen sie sehr vorsichtig sein, da ja alle »blind« sind und es zu Zusammenstößen kommen kann.

Kräutersäckchen

Je nach Möglichkeit und Jahreszeit werden in Gärten verschiedene Kräuter z. B. Zitronenmelisse, Oregano, Pfefferminze, Lavendel … in unterschiedlichen Gefäßen gesammelt oder entsprechend gekauft.

Die Kinder schneiden aus Baumwollstoffresten etwa 20 x 20 cm große Kreise aus. In die Mitte werden die Kräuter gelegt, das Säckchen oben mit einem Wollfaden zusammengebunden. Je nach Anzahl der zur Verfügung stehenden Geruchsmaterialien können sich die Kinder entsprechend viele Geruchssäckchen herstellen.

Zu den Kräutern und Gerüchen können Geschichten zur Wirkung eines Geruchs erzählt werden, so z. B. dass Lavendel beruhigt und gegen Motten in der Kleidung hilft, dass Pfefferminze und Eukalyptus auf die Atemwege beruhigend wirken, dass Kamille entzündungshemmend und heilend wirkt.

Die Kinder können den Geruch ihres Säckchens erraten lassen.

Die Kräuter müssen zur Geruchsaktivierung immer wieder einmal zwischen den Fingern gerieben werden.

Duftmemory

Es werden je zwei leere Filmdosen mit den gleichen Geruchsmaterialien (Küchenpapier beträufeln mit Essig, Rosenöl, Eukalyptus, Kaffee, Rasierwasser, Vanille, Kräuter, Zwiebeln, Zitrone …) gefüllt. In die Deckel werden kleine Schnupperlöcher gepiekt oder die Dosen werden kurz zum »Schnüffeln« geöffnet.

Die Spieler/-innen werden der Reihe nach aufgefordert, möglichst mit geschlossenen Augen, an den Dosen zu schnuppern, um gleiche Geruchspaare herauszufinden. Das konzentrierte bewusste Riechen, das Schnuppern, ist das Ziel, auch können Assoziationen benannt werden, die die Gerüche auslösen.

Duftweg

Im Haus oder im Gelände wird ein Geruchspfad mit etwa 10–20 unterschiedlichen Gerüchen aufgebaut. In undurchsichtigen Behältern (angemalte Marmeladen- oder Einmachgläser) werden Gerüche gesammelt, z. B. auf Küchenpapier geträufelter Essig, Orangenschalen, Erde, Kaffee, Tee, Rasierwasser, Muskatnuss, Kartoffelschalen, Baumrinde, Zitronenschalen, Apfelschale. Der Duftweg wird mit einem Faden verbunden, d. h. von Glas zu Glas wird ein Faden gespannt. Das Kind kann sich nun – wegen der intensiveren Wahrnehmungskonzentration am besten mit geschlossenen Augen – von Glas zu Glas durch den Duftweg »schnuppern«. Am Ende des Duftweges können die Kinder die Gerüche benennen, die sie erkannt haben, an die sie sich noch erinnern und beschreibend erzählen, wie es gerochen hat, an was sie sich dabei erinnern.

Duftbasar

Düfte aus vielen Ländern werden gesammelt und es werden Geschichten und Bilder dazu erfunden und gemalt:

Lavendel – Frankreich

Ingwer – Indien

Knoblauch – Türkei

Brot – Deutschland

Duftgeschichten

Jedes Kind wird eingeladen, einen bestimmten Geruch zu wählen und sich dazu eine Geschichte auszudenken, die es dann allen Kindern erzählt.

So kann die Duftgeschichtenrunde am nächsten Tag beginnen, ein Kind stellt seinen mitgebrachten Lieblingsgeruch vor und erzählt seine Geschichte dazu.

Kräuterbeet

Im Gruppenraum oder aber im Garten können in Blumentöpfen oder in der Erde kleine Kräuterbeete als Duftoasen angepflanzt werden, so z. B. Zitronenmelisse, Thymian, Basilikum, Salbei, Pfefferminze, Melisse … sind stark riechende Kräuter. Die Kinder werden eingeladen, einmal den Wachstumsprozess zu beobachten, dann aber auch die Nuancen des Geruchs wahrzunehmen, ggf. auch Kräuter zu trocknen.

Duftkugeln

Apfelsinen oder Zitronen werden mit Nelken bespickt und als Duftspender im Raum aufgehängt. Ebenso können auch Duftlampen mit ausgewählten gereinigten Ölen aufgestellt werden. Das bewusste Riechen und Genießen einer Duftkomposition ist das Ziel.

Kinderparfüm

Die Kinder können in kleine Fläschchen »neutrales« Kölnisch Wasser einige Tropfen ihres Lieblingsöls (ätherische Öle) tropfen und sich so ihr Lieblingsparfüm mischen und dafür einen Namen erfinden.

Ein Besuch in einer Parfümerie kann in die »künstliche« Welt der Gerüche einführen, den Kindern kann etwas von der Duftgeschichte erzählt werden, von der betörenden Wirkung eines Parfüms. Sie können von den »Noten« eines Parfüms erfahren, dass man beispielsweise von einer blumigen, würzigen, holzartigen oder orientalischen Note spricht. Auch auf diesem Wege kann das Interesse am bewussten wahrnehmenden Riechen, am Schnuppern, geweckt werden.

Geruchsbilder

Unterschiedliche spezifische Geruchsmaterialien mit »Assoziationswerten«: z. B. Babyöl, Lebkuchengewürz, Apfelsinen-, Zitronensaft, Rasierwasser, frisch geschnittenes Holz, Badezusatz, Sonnencreme, Kaffee … werden zur Verfügung gestellt. Die Kinder schnuppern mit geschlossenen Augen schweigend an den Geruchsmaterialien, möglichst jeder an einem anderen. Anschließend werden die Spieler/-innen aufgefordert, zu dem Geruch ein Bild zu malen. Nach der Malphase zeigen sich alle gegenseitig die Bilder und die anderen sollen raten, welchen Geruch der Maler wahrgenommen hatte. In diesem Geruchwahrnehmungsspiel wird der Assoziationscharakter des Geruchs miteinbezogen, der gerade beim Riechen eine große Rolle spielt. Da die Erinnerungen sehr individuell sind, ist das Raten und das Erzählen der Assoziationsgeschichten besonders interessant. In dieser Übung werden die zwei Elemente des Ein- und Ausdrucks beachtet.

> *Blütenträume bezaubern die Welt,*
> *Düfte streifen durch die Luft.*
> *Unaufhaltsam locken sie,*
> *betören Mensch und Tier.*
> *Süßer Hauch umhüllt das Leben.*
> *Nährt des Menschen tiefste Seele.*

> Hedwig Wilken

Aus dem Schmecken wird ein Kosten

»Einen guten Geschmack haben« bezieht sich nicht nur auf die Nahrung, auf die Zusammensetzung und Auswahl eines Menüs. Die Aussage wird im Alltag vielfach benutzt und kann sich auf Personen, Möbel, Mode, Schmuck etc. beziehen, auf fast alles, wo es eine Wahl zwischen verschiedenen Angeboten und Zusammensetzungen gibt.

Wer nur noch hektisch isst, nicht bewusst schmeckt und riecht bei der Nahrungsaufnahme, der kann den Geschmack am Genießen – am Leben – verlieren. Die Genussvielfalt wird ignoriert, nicht mehr wahrgenommen, der

Körper wird in seiner Funktion mit Nahrung versorgt, der sinnhafte und sinnstiftende Genuss am Essen, am Leben, ist reduziert.

Der Geschmackssinn, der Geschmack im Mund, die Geschmacksknospen auf
der Zunge melden – meistens im Zusammenhang mit dem Geruch – dem Hirn
zunächst die Art der Geschmacksrichtung. Nach der ersten Botschaft beginnt
dann die Differenzierung und Bewertung wie z. B. gut/schlecht, angenehm/un-
angenehm, stark/schwach … Leicht zu unterscheiden in Verbindung mit dem
Geruchssinn sind die spezifischen Geschmacksrichtungen: süß, sauer, salzig,
bitter und fruchtig, scharf, fade. Die Nerven, Geschmacksknospen zur
Unterscheidung der verschiedenen Nuancen, sitzen an ganz bestimmten
Stellen auf der Zunge. In diesem Zusammenhang ist es vor allem wichtig, dem
bewussten Schmecken in seiner Differenziertheit Beachtung zu schenken.

Der Mund ist auch Entdeckungs-, Orientierungs- und Entscheidungsorgan. In
der ersten Lebensphase versuchen die Kinder alles mit dem Mund zu erkunden,
sie stecken alles in den Mund, sie »probieren« alles, entscheiden über den
Mund, ob es gut oder schlecht ist. Später im Leben kann es wieder der Mund

sein, der über den Wert, über die Wertigkeit entscheidet – es ist der Kuss, der auf eine intime Weise ein Gefühl und ein Bekenntnis zu einer Person ausdrückt.

Der Mund bildet mit der Nase den Mittelpunkt des Gesichts. Mit dem Mund aber kann der Mensch neben dem existenziell wichtigen Atmen, Essen und Trinken noch Vieles machen, er kann sprechen, flöten, schmatzen, schlürfen, küssen, Stimmungen ausdrücken. Auch in der Alltagssprache finden wir Spruchweisheiten, die mit ihrer Doppeldeutigkeit auf den Mund und Geschmack verweisen, so z. B. »Den Mund nicht so voll nehmen«, »Jemanden zum Fressen gern haben«, »Liebe geht durch den Magen« bis hin zum »Volksmund«, der die Meinung der Allgemeinheit verkündet.

Das Essen und Schmecken aber sind wesentliche Funktionen des Mundes. Kindern schon früh eine Beziehung zum guten Geschmack zu vermitteln, scheint manchmal bei einer zu beobachtenden Verrohungen der Esskultur schwierig.

Auf der einen Seite gibt es ein vielfältiges Überangebot an unterschiedlichen Nahrungsmitteln, auf der anderen Seite ist ein reduziertes Nahrungsverständnis aufgrund von Fertiggerichten, Mikrowellenzubereitung und einseitiger »Nahrungskettennahrung« mit einer Fülle von Geschmacksverstärkern und Kunstprodukten zu beobachten.

Kindern fehlt mitunter schon der Bezug zum natürlichen Wachstum von Gemüse und Früchten und zur Herstellung und Zubereitung einer Mahlzeit. Sie werden dazu erzogen »Essen« als Konsumware zu sehen, Mahlzeiten nur zu konsumieren. So ist es eine Erziehungsaufgabe, Mahlzeiten und Essen als »Wert« zu vermitteln, gutes Essen und gute Nahrung ist nicht selbstverständlich.

Welche Bedeutung aber hat das Essen im Leben eines Menschen – ist es eben nur Nahrungsaufnahme, die Befriedigung eines Bedürfnisses, einer Gier, einer Sucht, oder ist es eine besondere Zeit, eine Still-Zeit, ein Genuss? Wird eine Mahlzeit fertig gemacht, zubereitet oder gar komponiert? Gibt es Rituale, Raum- und Tischschmuck, die die Besonderheit einer Mahlzeit, eines Festessens unterstreichen? Fragen, die das Schmecken betreffen, die alle zu unterschiedlichen Zeiten und Gegebenheiten unterschiedlich beantwortet werden können. Es ist eben »Geschmackssache«, welchen Wert der Mensch einer Mahlzeit, dem Essen beimisst. Kindern schon früh das Besondere an einer Mahlzeit, den Genuss und den kommunikativen Wert, den Entspannungswert zu vermitteln und auch einmal mit ihnen gemeinsam Speisen auszuwählen und zuzubereiten, hat einen Wert, den die Kinder im praktischen Erleben spüren und entdecken können. Der Sinn für ein gemütliches Essen, kann nicht theoretisch vermittelt werden, er muss erlebbar, als schönes Gefühl spürbar werden, nur dann erhöht sich das gute, gesunde Lebensgefühl.

Einen differenzierten, wohl geübten Geschmack zu haben kann auch bedeuten, intensiver genießen zu können, für die Feinheiten der Nahrung und Dinge ein Gespür zu bekommen und dabei sowohl das Einzelne wie auch die Besonderheit der Mischung mit Aufmerksamkeit und Freude in sich aufzunehmen.

Sich auf vielfältige Weise spüren, auch im Schmecken und Genießen, weckt und erhöht ein gutes Lebensgefühl und ein gutes Lebensgefühl ist die Basis für Gesundheit.

Schmecken
Sinnespflege –
Sinnesförderung

Inhaltliche Planung / Reflexion

Um eine differenzierte Wahrnehmung – hier das Schmecken – zu fördern, empfiehlt sich die Sinneskommunikation, d. h. immer wieder nachzufragen: Wie schmeckt es? An was erinnert dich der Geschmack, ist das angenehm oder unangenehm? etc. Wenn z. B. etwas »gut« schmeckt, was heißt das genau?

Erziehende, die im Sinne der ganzheitlichen Gesundheitspflege das Zusammenspiel und die Einzeltätigkeit der Sinne pflegen und fördern wollen, können sich orientiert am Alltagsleben, folgende Fragen/Aufgaben stellen:

- Was gibt es im Alltag für besonders leckere Speisen? Was sind Sonntagsspeisen, Lieblingsgerichte? Welche Gerüche gehören dazu?
- Was für Bilder entstehen im Kopf, wenn man an die Speise denkt? Welche Erinnerung weckt die Vorstellung?

- Wie können Kinder auf dieses Speiseangebot reagieren?
- Wie kann ich als Erziehender auf einen besonderen Geschmack hinweisen, motivieren, einmal etwas Fremdes auszuprobieren?
- Welche Fragen kann ich als Erziehender zur intensiven Wahrnehmung des Geschmacks stellen, wie kann ich ein Gespräch einleiten?
- Welche Spiele, Übungen, Geschichten, Lieder haben mit Speisen, Nahrung, Geschmack zu tun?
- Wie kann ich zu einem differenzierten Schmecken und Kosten, zu einer wertschätzenden, einer differenzierten Wahrnehmungsbeschreibung anleiten?

Praktische Planung /Organisation

Um diese Bewusstheit der Wahrnehmung im Alltagsleben zu fördern, können sich Erziehende folgende **W**-Fragen als Planungshilfen stellen:

- **W**ann macht das Kind die Sinneserfahrung Schmecken?
- **W**o macht das Kind die Sinneserfahrung?
- **W**ie kann die Sinneserfahrung bewusst gemacht, gefördert werden, wie können Wiederholungen zur bewussten Festigung des Erlebnisses initiiert werden?
- **W**er macht auf das Sinneserlebnis aufmerksam, wer thematisiert es?
- **W**elche Hilfsmittel, Spiele, Medien können das Sinneserlebnis unterstützend fördern?

Leckerschmecker

In je zwei Gläser werden a) gleiche Flüssigkeiten gefüllt, zum Probieren werden Strohhalme bzw. Löffelchen bereitgelegt. b) Kleine Geschmackshäppchen von Äpfeln, Gurken, Erdnüssen, Brot, Käse, Honig, Senf etc. werden vorbereitet und mit einem Tuch verdeckt.

Spiele und Übungen

a) Die Kinder werden aufgefordert, die vorbereiteten Flüssigkeiten zu probieren und herauszufinden, welche zwei Gläser mit derselben Flüssigkeit
gefüllt sind. Diese sollen dann entsprechend zusammengestellt und der Geschmack benannt werden.

b) Mit verbundenen Augen werden so auch die einzelnen Nahrungsmittel pro-
biert und benannt. Die Beschreibung des Geschmacks soll dabei möglichst
differenziert erfolgen.

Bei diesen Übungen zur differenzierten Geschmackswahrnehmung geht es
darum, sich auf die Nuancen des Geschmacks zu konzentrieren, sich von der
oberflächlichen und einseitigen Geschmackswahrnehmung zu lösen. So
schmeckt ein Fertigpudding oder Jogurt nicht nur nach Pudding oder Jogurt,
nicht nur süß oder gut, mitunter kann auch der Fruchtgeschmack erkannt,
wahrgenommen und benannt werden.

Süß – Sauer – Salzig – Bitter

Die Kinder schauen sich ihre Zunge im Spiegel, evtl. auch mit einer Lupe an.
Anschließend können sie jeweils zu zweit die Zunge des Partnerkindes anschauen. Mit einem Wattestäbchen dürfen die Kinder zunächst ein wenig Zucker »probieren«. Intuitiv testen die meisten Personen den geahnten Zucker-
geschmack vorn an der Zungenspitze, eben dort, wo die Geschmacksknospen
für »süß« sitzen. Nachdem den Kindern gesagt wurde, dass es verschiedene
Geschmacksstellen auf der Zunge gibt, können sie testen, ob und wo es wie
schmeckt. Vorbereitete Testgläser mit verdünntem Essig, Wermuttee, Salz-
wasser etc. stehen für die Testphase bereit. Die Kinder sollen bewusst schmecken und benennen, wie es schmeckt, gut, stark, schwach, lecker…
Auf einer großen Kopie der Abbildung einer Zunge[29] werden den Kindern abschließend die Geschmackszonen der Zunge gezeigt.

Geschmack und Genuss

Gemeinsam mit den Kinder immer wieder einmal »Kochtage« planen und
durchführen. Kleine Speisen sollen von den Kindern ausgewählt und zubereitet
werden. Dazu sollten die Kinder gemeinsam mit einem Erwachsenen die
Lebensmittel auch möglichst frisch einkaufen, damit sie den gesamten Prozess

des Zubereitens erleben. Bei der Zusammenstellung der Mahlzeit auf die unterschiedlichen Geschmacksrichtungen von pikant bis süß achten, damit sich ein differenzierter Geschmack bilden kann. Die Kinder sollten motiviert werden, den Tisch und Raum für ein spezielles Essen zu schmücken. Gemeinsames Essen soll auch als etwas Schönes, Besonderes und Genussvolles erlebt werden können.

Schmecken – Riechen

Aus einem relativ sauren Apfel, einer Kartoffel, einer Gurke und einer Gemüsezwiebel werden etwa gleich große 1 cm Stückchen geschnitten und auf Tellerchen gegeben. Mit verbundenen Augen und zugehaltenen Nasen werden die Kinder eingeladen, die 4 verschiedenen Stückchen nacheinander zu probieren. Bei weiterhin zugehaltenen Nasen gut kauen und versuchen herauszufinden, wonach die Stückchen schmecken! In der zweiten Runde dürfen die Nasen wieder riechen – und schon erkennen die Kinder erfahrungsgemäss den Geschmack.

Marmelade kochen

Im Sommer mit den Kindern entsprechend der Erntezeit Früchte sammeln und dann nach verschiedenen Rezepten Marmeladen kochen.

Vorher ggf. die Kinder bitten, Rezepte von ihren Großeltern und Eltern mitzubringen, bzw. einen »Großelternmarmeladentag« planen, wo alte Rezepte ausgetauscht und ausprobiert werden können.

Brot backen

Mit den Kinder einmal ein Brot backen, vorher ggf. einmal eine Bäckerei, einen Bauern besuchen oder im Sommer die Getreidefelder anschauen.

Einfaches Brotrezept:

675 g Vollkornweizenmehl (ggf. mischen mit Leinsamen, Sesam etc.), 3/8 l warmes Wasser, 1 Würfel Hefe, 3–4 Essl. Honig (Zucker) oder Kräuter

Alle Zutaten in eine Schüssel geben und mit dem Knethaken etwa 5 bis 10 Min. kneten. Den Teig in eine gefettete Form füllen, nach Belieben mit Sesam,

Sonnenblumenkernen etc. bestreuen und längs einschneiden. In den nicht vor-gewärmten kalten Backofen schieben, dann den Ofen anstellen und das Brot etwa 60 Min. bei etwa 175 Grad backen – gelingt fast immer, schmeckt gut und ist schneller zubereitet als gekauft. Kinder sollten die Chance erhalten, auch einmal selbstgebackenes Brot zu kosten.

Täuscherpudding

Verschiedene Götterspeisen (Wackelpudding) kochen und mit »falschen« Ge-schmäckern versehen, d. h. der grüne Wackelpudding (Waldmeister) wird mit Zitrone/Zitronensaft, der rote Wackelpudding (Erdbeer) mit Waldmeister-geschmack der gelbe Wackelpudding (Zitrone) mit Erdbeeraroma versehen. Die Kinder werden eingeladen, Kostproben zu nehmen und zu sagen, wonach der Pudding denn nun schmeckt. Die Kinder sollen lernen, sich genau auf ihren Ge-schmack zu konzentrieren und zu verlassen, nicht auf das, was sie sehen oder schmecken sollen.

Kräutertees

Mit den Kindern, wenn möglich, Kräuter der Umgebung sammeln oder im Reformhaus/Apotheke besorgen, sich ggf. dort etwas über die Wirkung von verschiedenen Kräutern erzählen lassen. Falls es ein Kräuterbeet gibt, ist die eigene Ernte von Brennnesseln, Melisse, Kamille, Pfefferminze etc. natürlich empfehlenswert. Auch wenn es Vorbehalte gibt, sollten Kinder den Geschmack von verschiedenen Tees einmal probieren.

Essen in fremden Ländern

Sich mit den Kindern gemeinsam auf eine kulinarische Reise begeben: Gibt es in der Gruppe oder Nachbarschaft Kinder aus anderen Ländern, können diese von den Speisen ihres Landes erzählen und ggf. Kostproben mitbringen. Auch können in der Gruppe ganz spezifische Speisen aus einem Land zubereitet und ein türkisches, griechisches, chinesisches Länderfest geplant werden. Ent-sprechend sollte das Essensfest rundum (Tischschmuck, Raumschmuck, Kleidung, Sitten etc.) vorbereitet werden.

Schlaraffenland

Im Gesprächskreis werden die Kinder eingeladen, den anderen ihre Lieblings-speisen zu verraten und so schmackhaft zu machen, dass allen das Wasser im Munde zusammenläuft. Auch können die Kinder Geschichten aus dem Schlaraffenland, aus dem Land, wo es nur leckere Sachen gibt, erzählen und Bilder dazu malen, Collagen anfertigen.

Kräuterspirale

Wenn es der Garten erlaubt, sollte mit den Kindern gemeinsam eine Kräuter-spirale angelegt werden. Durch die unterschiedlichsten Boden- und Lichtver-hältnisse auf kleinem Raum gedeihen dann Pfefferminze, Knoblauch, Bärlauch, Oregano, Salbei, Brunnenkresse, Baldrian, etc. Kinder können so miterleben, wie Kräuter und Pflanzen wachsen, wie sie gepflegt werden müssen und immer wieder einmal probieren, wie sie schmecken. Speisen mit Kräutern würzen oder aber eine Kräutersuppe kochen. [30]

Aus dem Ungleichgewicht wird Gleichgewicht

Ohne Berge keine Täler, ohne Nacht kein Tag, ohne Hell kein Dunkel, ohne Hin kein Her. Schon im Mutterleib macht das Kind die Schaukelbewegung des mütterlichen Gehens – hin und her – mit, in der Wiege wiederholt sich diese Bewegung, die beruhigend wirkt. Auf der Schaukel verändert sich dann die Bewegung in ein Vor und Zurück, das Kind erlebt, es geht nicht vorwärts, wenn es nicht auch zurück geht. Vielleicht eine »Spürerfahrung« für das weitere Leben, die das Spannungsverhältnis deutlich macht: Vorwärtsentwicklung ist nur auf der Basis der Rückschau möglich. Leben im Gleichgewicht betrifft das Zusammenspiel des Gegensätzlichen, nur das Zusammenspiel der gegensätzlichen Kräfte macht die »Lebens-Spannung« möglich!

Der Pädagoge Winkel verweist auf die Bedeutsamkeit von Gleichgewichtsübungen: »Es ist zu vermuten, dass Gleichgewichtsübungen im körperlichen Bereich das Ich-Gefühl und das Bewusstsein der Freiheit stärken. Sich frei fühlen im Raum erleichtert das Sich-Frei-Fühlen im sozialen Umfeld. Es knüpft sich an Übungen eine unbeweisbare Hoffnung. Menschen, die gelernt haben, Ungleichgewichte wahrzunehmen, nehmen diese vielleicht auch in der Natur leichter wahr, als darin ungeübte und vielleicht haben sie eine größere Fähigkeit, diese auszugleichen, eine Hoffnung. Sie ist aber nicht ganz unbegründet, denn der Gleichgewichtssinn strahlt besonders auf die Befindlichkeit aus und damit auf das Sich-Fühlen, dem Wurzelgrund des Willens«. [31]
Das ganze Leben ist geprägt und strukturiert durch Gegensätze und das Auspendeln der Gegensätze, das Suchen und Finden des Gleichgewichts. Dieser Spannungsbogen beginnt bei der Atmung – ein Ein- und Ausatmen ist nötig – geht weiter über viele, viele Lebenserfahrungen hin zum letztendlichen Gegensatz: Leben und Tod. Auch in der Natur ist diese Polarität zu beobachten, ist Lebensphänomen. Wir beobachten, wie Sonne und Mond den Tag und die Nacht prägen. Wir beobachten ein Keimen, Wachsen, Blühen, ein Welken und Absterben der Pflanzen. Wir beobachten, wie die Gezeiten Ebbe und Flut den Fluss des Lebens bestimmen … Das ganze Leben ist Rhythmus, ein Leben der Gegensätze und der Balance. Die Ausgewogenheit der wirksamen Kräfte, das rechte Maß bestimmen die positive Qualität.

Leben gestaltet sich im Zusammenspiel der Kräfte, die Kräfte entwickeln sich aus dem Spannungsbogen der Gegensätze. Wo aber sind die Extreme, wo ist der Ausgangspunkt für Entwicklung, wo ist das Ziel? In der Erziehung gilt es, dem Kind Hilfen zu bieten, die eigenen Kräfte und Möglichkeiten »auszuloten«, auszupendeln, zu spüren und zu sehen, wo stehe ich, was sind meine Fähigkeiten, Qualitäten und Möglichkeiten, Wünsche? Wo komme ich her (Rückschau), wo will ich hin (Vorschau)? Inneres und äußeres Gleichgewicht können unterschiedlich betrachtet werden, hängen aber häufig zusammen.

Das äußere Gleichgewichtsgefühl bezieht sich eher auf die Fähigkeiten des Körpers, sich selbst koordinieren zu können, sich angemessen in Raum und

Zeit bewegen zu können. Das körperliche Gleichgewichtssystem ist dafür zuständig, dass der Mensch sich an seine Umwelt, an die verschiedenen Gegebenheiten, aber zunächst ganz elementar an die Anziehungskraft der Erde anpassen kann. Es ist zuständig für die Aufrechthaltung des Körpers, es hilft bei der Raumorientierung, bei der angemessenen Reaktion des Körpers auf die Lage des Raumes, auf Geschwindigkeit und Krafteinsatz. Das Gleichgewichtssystem reguliert die Bewegung des Körpers im Raum, ohne Gleichgewichtssinn ist keine Bewegung möglich. Ein gut ausgebildeter Gleichgewichtssinn bestimmt die Lebensqualität wesentlich, aber auch die Ausbildung des inneren Gleichgewichts ist für eine gesunde Persönlichkeitsentwicklung bestimmend.

Mit dem inneren Gleichgewichtsgefühl ist eher der seelisch-psychische Bereich des Menschen angesprochen. Die innere Harmonie, die ein gutes Verhältnis der eigenen Kräfte bezeichnet – ein gutes Gespür für die eigenen Stärken und Schwächen, ein positives Selbstbewusstsein als guter Gleichgewichtssinn. Ist ein Mensch aus dem Gleichgewicht geraten, muss er sein inneres Gleichgewicht wieder finden, so denken wir zunächst an ein besonderes Problem, welches zu lösen oder zu bewältigen ist. Es gilt eine innere Ordnung zu finden. Dieses innere Unwohlsein geht häufig einher mit einer äußeren motorischen Unruhe. Manchmal helfen schon kleine Pendel- und Schaukelbewegungen, kleine An- und Entspannungsübungen, die Aufmerksamkeit zu zentrieren und sich damit innerlich und äußerlich ins Gleichgewicht zu bringen. Wie sehr das innere Gleichgewicht mit dem äußeren Gleichgewicht zusammenhängt, lässt sich immer wieder beobachten, wenn unausgeglichene und unzufriedene Kinder balancieren. Diese haben außerordentliche Probleme, ihr Gleichgewicht zu finden und zu halten, brechen dann oft das Balancieren ab. In der Regel balancieren Kinder aber sehr gerne, suchen Möglichkeiten, dieses Auspendeln des Gleichgewichts auszuprobieren. Schon viele sehr einfache Kinderspiele bergen die Pole »Auf und Ab – Anspannung und Entspannung« in sich. Schon beim einfachen Turmbau ist dieses elementare Erlebnis der Spannung »Klappt es oder klappt es nicht?« zu erleben, z. B. – Wie viele Klötze habe ich? Wie groß sind sie? Halten sie? Wie kann ich sie stapeln? Was will ich bauen? Geht das mit den Steinen, der Unterlage? etc.

So können im kindlichen Alltag schon viele kleine und größere Bausteine der Persönlichkeitsentwicklung den Werdeprozess des Gleichgewichtssinns auf

eine sehr einfache Weise unterstützen. Gleichgewichtsübungen und –spiele helfen dabei, ein Balancegefühl zu entwickeln, häufige Wiederholungen helfen dabei, das Balancegefühl zu stabilisieren. So wächst das werdende Gleichgewicht des Menschen im Ausprobieren der Kräfte und Möglichkeiten. Zur Sinnespflege/Sinnesförderung gilt es, dem einzelnen sowie dem Zusammenspiel der Sinne im Alltag bewusst Aufmerksamkeit zu schenken. Das bewusste aktive Wahrnehmen verleiht dem einzelnen Sinn »Sinn«, es unterstützt die ganzheitliche Persönlichkeits- und Gesundheitsentwicklung.

*Gleichgewicht /
Bewegung
Sinnespflege –
Sinnesförderung*

Inhaltliche Planung /Reflexion

Um eine differenzierte Wahrnehmung – hier den Gleichgewichtssinn – zu fördern, empfiehlt es sich zu überlegen: Gibt es im Alltag Bewegungs- und Gleichgewichtsübungssituationen?
Erziehende, die im Sinne der ganzheitlichen Gesundheitspflege das Zusammenspiel und die Einzeltätigkeit der Sinne pflegen und fördern wollen, können sich, orientiert am Alltagsleben, folgende Fragen/Aufgaben stellen:

- Wo gibt es im Alltag Spiele, Übungen und Situationen zur Förderung des Gleichgewichtssinns?
- Wie können Kinder zum Balancieren, zur Freude an der Bewegung motiviert werden? Wie kann ich als Erziehender dazu motivieren?
- Wie kann ich das Interesse des Kindes an der Bewegung wecken, welche Fragen kann ich als Erziehender stellen, wie kann ich ein Gespräch einleiten?
- Welche Spiele, Übungen, Geschichten, Lieder haben mit dem Gleichgewichtssinn besonders zu tun?
- Wie kann ich zu differenzierten Balanceübungen anleiten?

Praktische Planung /Organisation

Um diese Bewusstheit der Wahrnehmung im Alltagsleben zu fördern, können sich Erziehende folgende W-Fragen als Planungshilfen stellen:
- Wann macht das Kind die Sinneserfahrung Gleichgewicht?
- Wo macht das Kind die Sinneserfahrung?
- Wie kann die Sinneserfahrung bewusst gemacht, gefördert werden, wie können Wiederholungen zur bewussten Festigung des Erlebnisses initiiert werden?
- Wer macht auf das Sinneserlebnis aufmerksam, wer thematisiert es?
- Welche Hilfsmittel, Spiele, Medien ... können das Sinneserlebnis unterstützend fördern?

Spiele und
Übungen

Balancieren

Die Kinder sollten ermuntert und eingeladen werden, wo immer möglich zu balancieren, was sie ja ohne dies fast alle gerne tun.

Sie können auch mit Balanciermaterialien (Bänke, Bretter, Stühle, Kisten, Kissen, Stämme etc.) einen Balanceparcour aufbauen. Dann werden die Kinder eingeladen, im Haus oder draußen nacheinander den Balancierparcour auszuprobieren. Ein Erwachsener sollte den Parcour auf seine Standfestigkeit prüfen.

Gardinenschlangen

Die Mitspielenden bilden Paare, jeder Mitspieler erhält etwa einen Meter Bleiband. Alle ziehen ihre Schuhe aus und legen mit dem Band eine lange, möglichst kurvenreiche Straße. Eine Person schließt die Augen, ggf. mit Augenbinden. Mit den Füßen tastend sucht jetzt der Blinde den Weg. Als Orientierungshilfe begleitet der Partner den Blinden, auf Wunsch kann eine Hand angefasst werden. Hat ein Spieler die Straße bewältigt, kann ein Rollentausch folgen. Im zweiten Durchgang wird die Straße rückwärts mit den Füßen gesucht. Um dem Blinden beim rückwärts Gehen Orientierungshilfe und Sicherheit zu geben, legt der Begleiter seine flache Hand führend auf den Rücken des »Blinden«.

Stille-Zauberer

Alle Spieler/-innen gehen zu einer ruhigen Musik im Raum umher. Dabei schütteln sie die Beine aus, kreisen mit den Armen, Kopf und Schultern. Bei Musikstopp werden alle vom »Stille-Zauber« befallen: Sie bleiben verzaubert wie starre Säulen stehen. Sie spannen alle Muskeln an: von den Zehenspitzen, über die Waden, Oberschenkel, Gesäß, Bauch und Rücken, Schultern, Arme bis zum Gesicht.

Die Spielleitung als »Stille-Zauberer« beginnt nun die Spieler/-innen zu entzaubern. Behutsam die Füße, Beine etc. abklopfend befreit sie den Ersten von der Starre. Der so Entzauberte hilft jetzt mit, die anderen zu entzaubern, bis sich alle wieder bewegen können und es von vorne losgehen kann. Dieses Spiel hat einen An- und Entspannungscharakter, der den ganzen Körper betrifft. Ohne viel Vorbereitung kann das Spiel auch im Sitzen in einer Gruppe

durchgeführt werden. Die Polaritäten der An- und Entspannung, Bewegung und Ruhe werden angesprochen, was die Ausgeglichenheit und Konzentration positiv beeinflussen kann.

Steinzeit

Die Kinder gehen zu einer ruhigen Musik im Raum umher. Jeder 4. Spieler bekommt einen kleinen Stein. Die Steine werden solange schnell weitergegeben, bis die Musik stoppt. Stoppt die Musik (von der Spielleitung vorgegeben), sind diejenigen »versteinert«, die einen Stein in der Hand halten. Sie bleiben erstarrt stehen. Sofort eilen Mitspieler herbei, um die »Versteinerten« aus ihrer Starre zu befreien:

Mit den Händen klopfen sie behutsam den Körper wieder wach.

Sind alle wieder beweglich, startet die Spielleitung erneut die Musik. Die Steine werden bis zum nächsten Musikstopp weitergereicht. Es können auch andere Bewegungsarten von der Spielleitung vorgeschlagen werden: z. B. hüpfen, nur auf dem rechten bzw. linken Bein hinken, schleichen wie ein Löwe, gehen wie ein Hundertjähriger.

Katzentag

Die Kinder legen sich bäuchlings auf den Boden. Der Kopf wird seitlich abgelegt, die Hände ruhen neben dem Körper. Die Spielleitung erzählt nun die Geschichte einer Katze und alle sind eingeladen, die Geschichte mitzuspielen: Die Katze liegt friedlich auf dem Boden und schläft. Sie atmet leise und manchmal schnurrt sie ein wenig. In der Nähe kräht ein Hahn. Dieses Geräusch weckt die Katze. Langsam öffnet sie die Augen, hebt den Kopf ein wenig, schaut nach rechts und links. Sie räkelt sich in alle Richtungen, schüttelt den Schlaf ab und stellt sich auf ihre vier Pfoten. Jetzt macht sie einen ganz runden Katzenbuckel und dann wieder einen flachen Rücken. Diese Bewegung wiederholt sie mehrmals, weil es so einen Spaß macht. Nun geht die Katze auf Mäusejagd.

Sie schleicht auf allen Vieren im Raum umher, schaut aufmerksam in alle Ecken und schnurrt und faucht ein wenig, weil keine Maus zu sehen ist. Da entdeckt sie plötzlich eine Schale Futter, von den Menschenfreunden hingestellt. Mit ihrer Zunge schlabbert sie das Fressen in sich hinein, putzt sich mit den Vorderpfoten ihren Katzenbart sauber und schleicht satt zu ihrem Schlafplatz zurück.

Zufrieden räkelnd legt sie sich zum Schlafen auf den Boden. Ganz ruhig ist der Atem.

Langsam werden aus den kleinen satten Katzen wieder Menschen, die sich räkeln, strecken und aufstehen. Es können noch weitere Katzenbewegungen und Gangarten (z. B. die Katze macht einen Ausflug, balanciert auf drei Pfoten, die Katze versteckt sich, rollt sich zusammen etc.) in die Geschichte eingeflochten werden.

Der Katzentag ist eine Spielgeschichte, die beruhigende Elemente enthält. Die Bewegungen können helfen, kleine Anspannungen zu lösen. Viele Kinder mögen Katzen, deshalb können sie sich gut in die Bewegungen hineinversetzen.

Wichtig ist es, ausreichend Zeit für das Hineinversetzen in die Rolle und für die Ausführung der einzelnen Phasen zu lassen.

Blumentraum

Alle Kinder versammeln sich in einem Kreis und knien sich hin. Um sich klein zu machen, den Kopf vor die Knie legen und die Arme seitlich an den Körper. In dieser Haltung verharrend kann Stille einkehren. Die Augen werden geschlossen. Mit ruhiger Stimme sagt die Spielleitung:

Ich erzähle euch die Geschichte eines Blumensamens, wenn ihr wollt, könnt ihr diese Geschichte spielen:

Der Blumensamen liegt in der Erde. Den ganzen Winter über hat er sich in der Erde ausgeruht. Jetzt aber ist der eisigkalte Winter vorbei. Alle Blumensamen haben Kräfte gesammelt, um im Frühling in vielen bunten Farben zu blühen.

Die Samen spüren die ersten Sonnenstrahlen (die Spielleitung geht umher und streicht allen ganz sanft über den Rücken). Die Samenhüllen springen auf, die Pflanzen beginnen zu wachsen und schauen langsam und vorsichtig aus der Erde. Weil die Sonne so schön und warm scheint, wachsen sie weiter, werden langsam immer größer und größer.

(Die Spieler/-innen werden, wenn sie es noch nicht von allein tun, eingeladen, sich ganz langsam zu bewegen, zu wachsen und immer größer zu werden.) Die Sonne wird immer wärmer, sodass alle Blumen in ihrer voller Größe wachsen und ihre Blüten entwickeln können.

Die Blumen sind stolz auf ihre Schönheit, schauen sich die anderen Blumen an. (Alle Spieler/-innen halten die Arme als Blüte neben die Köpfe und schauen so nach rechts und links.)

Nach einer Weile ist die Blütezeit zu Ende. Alle »Blumen« sehen sich noch einmal an, lassen ihre Blätter fallen und beginnen ganz langsam zu welken, bis sie sich als Samen in der Erde wiederfinden. (Die Spieler/-innen lassen die Arme fallen, den Kopf hängen und begeben sich ganz langsam in die Ausgangsstellung zurück.)

Eine kleine Weile verharren alle so.

Die Spielleitung beendet die Spielgeschichte, indem sie alle auffordert, sich abschließend auszuschütteln und sich zu recken und zu strecken.

Varianten:

Die Übung kann auch als »Baumübung« etc. durchgeführt werden, je nach Jahreszeit und Lust. Anschließend kann gemalt oder getöpfert werden, um die Eindrücke auf eine andere Weise auszudrücken.

Wichtig ist es, auf den Zeitrhythmus der Kinder zu achten, ihnen ausreichend Raum zur Entwicklung zu lassen, sie aber nicht mit zu langen Ruhephasen zu überfordern.

Löffel legen

Je zwei Kinder bilden Paare. Es stehen viele kleine und große Haushaltslöffel zur Verfügung. Die eine Person »belegt« die andere mit Löffeln. Die Standposition und Körperhaltung kann frei gewählt werden. So mit Löffeln belegt, müssen drei Schritte gegangen werden. Alle Löffel die nicht heruntergefallen sind, zählen einen Punkt. Um sein Balancegefühl zu trainieren, sind mehrere Versuche möglich. Rollenwechsel.

Zollstöcke

Die Kinder legen mit Wolle einen Weg im Raum oder auf dem Rasen. Jeder Spieler erhält einen Zollstock und stellt sich mit diesem an den Anfang des Weges. Der Zollstock kann je nach Können und Lust ausgeklappt werden. Er wird auf den Kopf gelegt, so balanciert der Spieler die Wollstraße entlang. Fällt der Zollstock herunter, beginnt der Spieler wieder von vorne. Je nach Wunsch kann die Breite des Zollstocks vergrößert oder verkleinert werden. Eine stete Vergrößerung nach jeder durchlaufenen Strecke ist ratsam.

Variante: Je zwei Kinder, möglichst gleich groß, bilden Paare und klappen ihre beiden Zollstöcke vollständig auseinander. Sie stellen sich hintereinander auf, verbinden ihre Schultern mit den Zollstöcken und gehen so durch den Raum. Die Zollstöcke sollen möglichst nicht herunterfallen. Nach einer Proberunde kann die hintere Person die Augen schließen. Sie wird von der vorderen nur über die verbindenden Zollstöcke geführt.

Rollenwechsel

Kindern macht der Umgang mit Zollstöcken sehr viel Spaß, da es eben eigentlich kein Spielmaterial ist, sondern in die Werkstatt gehört. Zum Einstieg können auch noch Schätz- und Messaufgaben gegeben werden, z. B. Wie lang ist das Fenster dort? Wie lang ist dein Bein, der Arm deines Nachbarn, die Nase?

Indische Wasserträgerin

Zunächst wird den Kindern von Ländern erzählt, in denen die Frauen Krüge auf dem Kopf tragen, um von der Wasserstelle Wasser zu holen. Diese Frauen sind sehr geschickt und haben viel Übung. Vielleicht können auch schon Kinder so etwas lernen. Mit dem Wollfaden wird ein Weg zum Brunnen gelegt.

Die Kinder legen sich zunächst zum »Üben« einen Stapel Bierdeckel auf den Kopf und balancieren so zur Wasserstelle. Im nächsten Schritt wird die Anzahl der Bierdeckel erhöht oder ein Becher Wasser zusätzlich in die Hand genommen. Für ganz Mutige soll es die Möglichkeit geben (wenn die warmen Temperaturen es erlauben und wenn der Raum und die Nerven auch »Wasser-unfälle« verkraften können), einen Pappbecher gefüllt mit Wasser auf dem Kopf zu balancieren. Als Hintergrundmusik kann eine orientalische Musik gewählt werden.

Varianten:

Es können auch Kastanien- oder Sandsäckchen auf dem Kopf, auf den Schultern oder ausgestreckten Armen balanciert werden, jedoch ist die Anforderung, Wasser auf dem Kopf zu balancieren, für die meisten sehr reizvoll. Dieses im Sommer draußen durchzuführen ist natürlich problemloser als in geschlossenen Räumen.

Gewichtsgläser

Gleiche Marmeladengläser werden alle gleich angemalt. Je zwei Gläser werden gewichtsgleich mit Sand gefüllt. Dabei kann ein Paar eher schwer, eines eher leicht sein, die anderen sollten nur ein wenig im Gewicht variieren. Vor den Kindern stehen 10 Gläser. Aufgabe ist es nun, die je gleich schweren Gläser durch aufmerksames Abwägen zusammenzustellen.

Goldstaub

Alle SpielerInnen suchen sich einen ausreichend großen Platz im Raum. Die Spielleitung erzählt, dass gerade feiner Goldstaub wie Regen auf alle herabgefallen ist.

Mit schulterbreit aufgestellten Beinen beginnen nun die Spieler/-innen leicht auf der Stelle zu hüpfen, um den feinen Goldstaub, der im Schlaf über sie gekommen ist, abzuschütteln.

Nach dem Hüpfen sollen alle zunächst die Hände immer schneller werdend ausschütteln. Dann werden die Arme und Schultern in die Schüttelbewegung miteinbezogen.

Es wird solange geschüttelt, bis der feine Goldstaub verschwunden ist und eine leichte Erwärmung und ein Kribbeln spürbar wird.

Nun wird zunächst das eine, dann das andere Bein ausgeschüttelt. Mit vorsichtigen Klopfbewegungen wird der Kopf, Nacken und anschließend der ganze weitere Körper von dem feinen Goldstaub freigeklopft.

Nun, vom Goldstaub befreit, legen sich alle behutsam auf den Boden, umfassen mit ihren Händen die Knie und schaukeln hin und her. Langsam lösen sich alle aus dieser Haltung und ruhen sich noch kurz in der Rückenlage bei geschlossenen Augen aus.

Anschließend die Augen öffnen, sich recken und strecken und langsam aufstehen.

Eine einfache Bewegungs- und Entspannungsübung, die helfen kann, das Gleichgewicht im Allgemeinbefinden wieder herzustellen und die schnell ohne Vorbereitung durchgeführt werden kann. Durch die Abwechslung der Bewegungs- und Entspannungselemente kann für den Alltag eine neue Ausgeglichenheit und Konzentration gewonnen werden.

Farbkreise

Das Spielen mit Luftballons und ähnlich leichten fliegenden Dingen wie Seidenbällen, Seidentücher, Federn ... fördert den Bewegungs- und Gleichgewichtssinn, da das Material durch seine Leichtigkeit in der Bewegung nicht unbedingt »beherrschbar« ist. Das Kind wird vom Material geleitet und in seinen Bewegungen freier.

Jeder Spielende erhält einen Ballon, bläst ihn auf und verknotet ihn. Zur Musik halten alle durch Tippen die Ballons in der Luft, so dass sie wild durcheinander fliegen. Bei Musikstopp schnappt sich jeder einen Ballon. Die Spieler/-innen mit derselben Ballonfarbe treffen sich in einem kleinen Kreis. Haben alle ihren Farbkreis gefunden, wird die Musik erneut gestartet.
Von der Spielleitung kann eine weitere Aufgabe in den Kreis gegeben werden, z. B. sich gegenseitig vorstellen, begrüßen auf unterschiedlichste Weise, gemeinsam ein Lied singen, jeder nennt sein Lieblingsgericht, seine Lieblingsblume etc.

Luftballontanz

Jeder tippt zur Musik einen Ballon. Bei Musikstopp gibt die Spielleitung die neue Bewegungsvariante an, z. B.

- mit dem kleinen Finger tippen
- mit dem Ellenbogen tippen
- mit dem Kopf tippen
- mit dem Knie tippen
- mit dem Fuß tippen
- zu zweit zusammen gehen und nur noch einen Ballon zwischen die vier Hände nehmen, viele Bewegungen zur Musik ausprobieren
- den Ballon zwischen die Köpfe nehmen und zur Musik tanzen
- den Ballon zwischen die Bäuche nehmen und versuchen sich so zu drehen, dass der Ballon einmal eine Person umkreist
- zum Ende wieder alle Ballons durcheinander zur Musik tippen.

Schornsteine

Bei Musikstopp werden Farbkreise gebildet. Die Spieler/-innen stellen sich im Kreis ganz eng aneinander, die Hände auf dem Rücken versteckt. Die Luftballons der Farbgruppe kommen in den so gebildeten »Schornstein«. Diesen Schornstein müssen die Mitspielenden zum Rauchen bringen, d. h. sie versuchen, ohne die Hände zu benutzen, die Luftballons über ihre Köpfe durch Körperbewegungen aus dem Kreis zu transportieren.

Ballonträume

Zum Abschluss der Luftballonspiele wird eine dünne Folie entfaltet, alle fassen den Rand an. Die Luftballons (und/oder Japanbälle – diese fliegen besser) auf die Folie geben. Die Mitspielenden schwingen zur klassischen Musik vorsichtig (die Plane reißt leicht) die Folie und bewegen so die Ballons.
Die Spieler/-innen sind eingeladen, sich abwechselnd unter die Folie zu legen (ggf. vorher Wolldecke unterlegen). So können sie eine kurze Weile das beeindruckende Schauspiel der tanzenden Ballons von unten ansehen und dazu träumen.

4. Kapitel
Sinnes-Wahrnehmung
Gesundheitsförderung durch sinnenreiche Wahrnehmung

Die Wahrnehmung der Sinne, der freudenvolle Genuss, macht das Leben sinn-voll. Im Bewusstsein um die tiefe Bedeutung der Sinneswahrnehmungen, gilt es, diese zu pflegen. Das Reich der Sinne ist ein sinnliches Reich, es bedarf der Berührung und Förderung.

Kinder haben in den ersten Lebensjahren die Gabe der konzentrierten Versenkung. Sie können sich, ohne Außeneindrücke wahrzunehmen, ganz auf eine Sache konzentrieren, in einer eigenen Wahrnehmungswelt verweilen. Diese Fähigkeit sollte mit Respekt vor der kindlichen Entwicklungskraft im Vor- und Grundschulalter beachtet, geachtet und gefördert werden. Für später können daraus die Kräfte erwachsen, sich konzentrieren zu können, stetig zu sein, sich vor übermäßiger Unruhe schützen zu können. Wird ein Kind immer wieder in seiner Tätigkeit und Konzentration gestört, so wird es unruhig und instabil, unstet in seinem Tun. Die verschiedenen Tiefenstufen der Sinneswahrnehmung sind jedem aus dem Alltag bekannt. Bilder fliegen an den Augen vorbei, Geräusche gelangen an ein Ohr und wandern zum anderen hinaus, Gerüche streifen unbenannt die Nase. Die überreizten Seh- und Wahrnehmungsgewohnheiten lenken die Sinne und Bewertungen auf vorgefertigte Reize: Das ist gut, weil bunt, jung, laut, aktiv und dynamisch. Die Außensinne greifen diese vielfältigen Signale auf. Nur wenn ein Mensch noch in der Lage ist Sehen, Hören, Spüren und Riechen mit nach innen zu nehmen, wenn die Reize innere Wurzeln finden, können tiefere Schichten im Menschen ausgeformt und angesprochen werden. Eine oberflächliche Wahrnehmung kann und muss Schutz sein, denn wir können uns nicht mit allem eindringlich und bewusst auseinander setzen, Oberflächlichkeit darf aber nicht zu einer grund-

Die Gabe der
Versenkung

sätzlichen Haltung werden. Kinder nehmen sich und die Mitwelt anders wahr als Erwachsene, sie leben vielmehr im Augenblick. Sie haben die Fähigkeit zur Hingabe. Sie sollten, wenn es die Situationen erlaubt, in ihren »Wahrnehmungs- und Spielwelten« bleiben dürfen, da es die ureigene kindliche Erlebniswelt mit eigenen Erfahrungs- und Entwicklungsschritten im eigenen Zeitrhythmus ist. Wenn einem Kind die Zeit genommen wird, Sinneseindrücke zu spüren, so besteht auf Dauer die Gefahr, dass es immer oberflächlicher wird, nicht mehr intensiv menschlich spüren und reagieren kann. Um einer Abstumpfung der Sinne entgegen zu wirken, muss die sinnliche Wahrnehmung heute wieder gezielt beachtet werden. Wenn die veränderte Lebenswelt den Sinn für das Lebendige, das Erfassen der Zusammenhänge zunehmend zerstört, so müssen neue Wege der Wahrnehmungsförderung erforscht werden, der Sinn für das Lebendige muss erhalten bleiben. »Ganz genauso müssten wir darauf achten, dass die Angriffe auf die Sinne des Menschen, auf seine Empfindungen, auf das lebendige Wahrnehmen, ausbleiben. Realität aber ist, dass sich unsere Wahrnehmungen ganz überwiegend an sterilen und toten Dingen bilden ... Aber der Umgang mit dem Toten, die Abhängigkeit davon rächt sich, und der Sinn für das Lebendige, für das Menschliche, geht verloren, wenn er nicht geschult und genährt wird.«[32] Der Sinn des Lebens ist »gut und glücklich zu leben« und nicht nur zu funktionieren.

Gesundheits-förderung durch Sinnesschulung

Ziel einer sinnenreichen Gesundheitserziehung ist es, dem Kind Chancen und Hilfen für ein sinnenreiches Leben zu bieten: das Leben mit Sinn für sich und andere zu füllen, Leben sinnvoll gestalten, d. h. verantwortungsvolle Beziehungen aufzubauen, zu mir, zu den Mitmenschen und zur Mitwelt, mit Kopf, Herz und Hand, im Denken, Fühlen und Handeln. Den Menschen nur rational zu bilden und zu entwickeln bedeutet eine Verarmung des Menschen, eine neutrale Beziehungslosigkeit, ein kaltes Wissen ist das Ergebnis. Erst die Gefühle, die Bildung der Wahrnehmung und der Emotionen, die Sinnbildung, machen Beziehung und Bindung möglich. Das Erleben und Lernen auf allen Ebenen bilden den Menschen als Mensch. So bedeutet Erziehung im Elementar-/Primarbereich in erster Linie, Lebenszusammenhänge auf altersgerechte Weise über die Sinne erfahrbar und spürbar werden zu lassen. Die

bewusste Wahrnehmung, die Sinnesschulung, hat Einfluss auf den Willen, auf die Handlungsmotivation, die gerade für das verantwortungsvolle Handeln im Alltag von immenser Wichtigkeit ist. Es wird von der Annahme ausgegangen, dass eine regelmäßige bewusste Wahrnehmungs- und Sinnesschulung nur dann positiv wirkt, wenn es dem kindlichen Lernen gemäß viele Wiederholungen der direkten Sinneserlebnisse gibt und der Zeit- und Lernrhythmus des Kindes geachtet wird.

Die Sinnesschulung stützt sich im Wesentlichen auf das von H. Kükelhaus (1900 – 1984) entwickelte Konzept zur Entfaltung der Sinne. Er hat dieses Konzept als Neubeginn unserer Kultur bezeichnet. Das Erfahrungsfeld zur Bewegung und Besinnung, ein anthropologisches Grundmodell, wurde erstmals auf der Weltausstellung in Montreal gezeigt und dann später als Erfahrungsgelände in Cappenberg aufgebaut. Mit diesem Projekt bot er ein Grundkonzept, welches den Bruch der hochindustrialisierten gesellschaftlichen Wirklichkeitsaneignung, mit dem Erfahrungslernen, mit den sinnenreichen geistig-seelischen Wahrnehmungs- und Erkenntnisprozessen wieder vereinen hilft.

Kinder sollen in Freiräumen und mit kindgerechten Methoden Elementarerfahrungen machen können. Mit ausgewählten Übungen und Spielen sollen sie Lebensphänomene der nahen Mitwelt und Natur wiederholend erleben, damit es zu vertiefenden Erfahrungen und Erkenntnissen als Lebensgrundlage kommen kann.

Veränderte Lebenswelt – Veränderte Wahrnehmung

Die kindliche Lebenswelt zeichnet sich einerseits durch eine zunehmende Verdichtung und Komplexität der Anforderungen aus, andererseits entsteht ein wachsender Mangel an direkten Erfahrungsräumen mit entsprechenden Erlebnissen und Erkenntnissen. Die Aufsplittung der Lebens- und Erfahrungsräume, die un-verbindliche Wissensvermittlung, die dem Kind vielfach wie ein zusammenhangloses Ganzes ohne Beziehungen angeboten wird, kann zu einer unreflektierten Aufnahme von Eindrücken führen. Oftmals fehlen Freiräume und Zeit der Eigengestaltung, Zeiten der Stille und Zeiten zum Träumen, um all die Eindrücke zu einem Ganzen zusammenfügen zu können. Die veränderte Lebenswelt des Kindes, vor allem durch die Medien Fernsehen und den Computer geprägt, spricht im überhöhten Maße nur die Sinnesorgane Auge und Ohr an. Diese Sinne sind dadurch überreizt, während andere Sinne weniger beansprucht, manchmal vernachlässigt oder gar nicht mehr bewusst wahrgenommen werden. Wahrnehmungsstörungen und Beziehungslosigkeit, eine Einschränkung der Gesundheit und Lebensqualität, eine Einschränkung der Welt-Wahrnehmung, kann die Folge von einseitiger Sinnesnutzung sein.

Die Definition der Wahrnehmung wird in diesem Zusammenhang weit gefasst, sie umschließt den gesamten Wahrnehmungsprozess von der Aufnahme der Information, über die Wirkung, das Ergebnis, bis zur Reflexion und Beurteilung.[33] Die Wahrnehmung kann als bewusster und unbewusster Prozess verlaufen, Reize können bewusst eingesetzt aber auch unbewusst aufgenommen werden. Die Qualität und Intensität der bewussten Wahrnehmung hängt von der körperlichen Fähigkeit (Sinnesorgane) zur Aufnahme und von der individuell geprägten Sensibilität der Wahrnehmungsfähigkeit (individuelle soziale Wahrnehmungsfilter) ab. Mit kindlicher Wahrnehmung wird die sub-

jektive Sichtweise und individuelle Interpretation eines Erlebnisses umschrieben, diese Wahrnehmung ist weder falsch noch richtig, sie ist einfach.
»Die Welt, in der ein jeder lebt, hängt zunächst ab von seiner Auffassung,
derselben, richtet sich daher nach der Verschiedenheit der Köpfe«.[34] So wie
die Kommunikationswissenschaften deutlich machten, dass Kommunikation
immer stattfindet,[35] muss von der Annahme ausgegangen werden, dass auch
Wahrnehmung immer stattfindet. Eine solch weit gefasste Wahrnehmungs-
definition macht es nötig, nach der Qualität, d. h. nach der Differenziertheit und
Bewusstheit der Wahrnehmung zu fragen. »Wie eng oder weit, wie arm oder
reich die Welt einem lebendigen Wesen erscheint, das hängt von der
Mannigfaltigkeit und der Aufnahmebereitschaft seiner Sinne ab. Dem
Menschen insbesondere bedeutet das Wahrnehmungsvermögen eine nie aus-
zuschöpfende Möglichkeit, weil es in Verbindung mit Willens-, Gemüts- und
Bewusstseinskräften unendlicher Ausweitung fähig ist. Doch liegt der
Wertzuwachs auf diesem Gebiet nicht in zählbarer Häufung, sondern in
Differenzierung bei gleichzeitiger Intensivierung«.[36] Die sich schnell
wandelnden gesellschaftlichen Verhältnisse mit ihren vielschichtigen Einwirkungen auf Erwachsene und Kinder fordern neue Bildungs- und Erziehungs-
ansätze. Erstmals in der Geschichte müssen sich Lehrende und Erziehende mit
Kindern und Studierenden auseinandersetzen, die als »Mediengeneration«
bezeichnet werden können. Es sind Kinder, die sich mitunter bis zu 6 Stunden
täglich der Information und Unterhaltung durch Medien hingeben. Lerninhalte
und Lebenswelt klaffen zunehmend auseinander. Die physische Präsens der
Menschen wird immer unwichtiger, unmittelbare Erlebnis- und Erkenntnis-
räume nehmen ab, verändern sich. Das Verhalten, Reagieren und Kom-
munizieren ist nicht mehr an direkte Orte gebunden. Neben anderen gesellschaftlichen Veränderungen haben vor allem die elektronischen Medien die
zwischenmenschliche Interaktion und die Wissensvermittlung wesentlich verändert und neu geprägt. Eine neue Art der Wahrnehmung bildet sich heraus.
Die individuellen Verarbeitungs- und Bewältigungskompetenzen müssen im
Sinne einer Synthese der z. T. unmittelbaren und zerstückelt wahrgenommenen
»Welt« gestärkt und gefördert werden.

Veränderte Lebenswelten spiegeln sich auch im Spiel und Spielzeug der Kinder wider. Es ist ein Unterschied, ob ein Kind oder ein Erwachsener im Pflegen einer Pflanze das Säen, Wachsen, Gedeihen, Blühen, Verwelken und Sterben als Lebenskreislauf in seinen Polaritäten des Anfangs und Endes miterlebt – oder ob beispielsweise bei einem Computerspiel »mehrere eigene Leben« zu verwalten sind. Im Spiel spiegeln sich die gesellschaftlichen Werte, durch das Spiel wird das Kind in seiner Wertehaltung beeinflusst und geformt. Eine Lebensgrundhaltung sollte durch reale Erlebnisse, durch eine gezielte Wahrnehmungserziehung und Sinnesförderung schon im frühen Kindesalter gefördert und gebildet werden.

Sinnenreich Leben – Lernen mit beiden Hirnhälften

Vielfach können sich Erwachsene wie Kinder nicht mehr konzentrieren, nicht mehr genau hinhören, sich nicht mehr für eine Aktivität entscheiden. Häufig werden Kinder zu früh mit Informationen und Wissenszusammenhängen konfrontiert, die nicht altersgemäß sind und einer viel-sinnigen Lebenswahrnehmung entgegenstehen und sogar der Gesundheit schaden können. »Der missionarische Eifer, Kinder möglichst früh in naturwissenschaftlichen Denk-zusammenhängen zu beheimaten und auf diese Art eine einseitige Intelligenz zu fördern, ist unkindgemäß und birgt die Gefahr in sich, Menschen zu pro-grammieren, die lustlos und ohne Spannung, ja gelangweilt ihr Leben fristen, weil sie daran gehindert wurden, wirklich stark erleben zu dürfen.«[37] Eine bewusste Wahrnehmung fordert die Fähigkeit der Sinnesbetätigung im ganz-heitlich lernenden und wahrnehmenden Menschen. Im Zusammenhang mit der Wahrnehmung ist es wichtig, die kognitive und emotionale Seite der Wahr-nehmung zu beachten, da ein Lernen mit beiden Hirnhälften[38] lernfördernd ist. Das Großhirn, Sitz des Gedächtnisses, hat zwei Hälften – Hemisphären –, die die Informationen und Reize der Sinnesorgane, der Wahrnehmung auswerten und Reaktionen auslösen. Die linke (rationale) Hemisphäre ist verantwortlich für begriffliches, analytisches, lineares und logisches Denken, es zerteilt die Welt in überschaubare Teile und Ausschnitte. Die rechte (emotionale) Hemi-sphäre erfasst das »Ganze«, arbeitet in komplexen Bildern mit Gefühlen, Intuitionen, Fantasie, Experimentierfreude, Kreativität etc., sie verbindet die Welt zu einem Gefüge des Ganzen. Die rechte Hälfte spricht mehr die Gefühls-zustände, die qualitativen als die quantitativen Strukturen an. Beide Hirnhälften sind mit dem Corpus Callosum verbunden. Diese Verbindung, die bei Frauen breiter ist als bei Männern, vermittelt und reguliert zwischen dem »rational« und dem »emotional« gesteuerten Denken.[39] Um optimal Wahr-nehmen und Lernen zu können, um ein dynamisch schöpferisches Denken zu fördern, sollten möglichst ausgeglichen beide Hirnhälften angesprochen und benutzt werden: »Je mehr Arten der Erklärung angeboten werden, je mehr Kanäle der Wahrnehmung benutzt werden ..., desto fester wird das Wissen ge-speichert, desto vielfältiger wird es verankert und auch verstanden ...«.[40] Der Gebrauch, die Nutzung aller Sinne in Alltagszusammenhängen fördert die gesunde Entwicklung der Wahrnehmungsfähigkeit.

In Erziehungs- und Bildungskonzepten wird nach wie vor noch der rein ra-tionalen Wissensvermittlung eine hohe Bedeutung beigemessen. Auch in der Frühpädagogik wird das ganzheitliche Lernen unterbewertet. Hier wird – als Ausgleich – die emotionale Seite, die Ausbildung der rechten Hirnhälfte, be-

© Don Bosco Verlag, entnommen aus: Charmaine Liebertz: Das Schatzbuch ganzheitlichen Lernens, München 2003.

Die **linke** Hirnhälfte ...

- *denkt logisch, regelgeleitet, gliedernd, organisierend, analysierend, planend*
- *liebt die überschaubare Ordnung*
- *denkt in Begriffen*
- *speichert und organisiert Informationen, registriert Einzelheiten und verarbeitet sie nacheinander (z. B. Pickel auf der Nase, Lachfalten etc.)*
- *denkt linear, zielgerichtet (z. B. verknüpft Wörter nach grammatischen Regeln zu Sätzen)*

Die **rechte** Hirnhälfte ...

- *denkt spontan, intuitiv, gefühlsmäßig, phantasievoll, kreativ*
- *liebt den Zufall, das Neue, das Ungeordnete, die Improvisation*
- *denkt in Bildern*
- *erfasst ganzheitlich (z. B. freundliches Gesicht)*
- *denkt umkreisend, unerwartet, assoziierend, tagträumend, »wild« (z. B. verbindet Worte mit Bildern, Tönen, Farben, Gefühlen, Erinnerungen, Rhythmus)*

sonders betont. Ein ausgewogenes Verhältnis aller Wahrnehmungs- und Lernebenen, eine harmonische Förderung und Beanspruchung beider Hirnhälften
im Sinne einer ganzheitlichen Gesundheitserziehung ist aber grundsätzlich für
Kinder und Erwachsene wünschenswert.

Es soll nicht das »Kognitve« der »Sinnlichkeit« gegenübergestellt werden, die Ergänzung der Wahrnehmungs- und Lernebenen soll angestrebt werden. Das
Denken, Fühlen und Wollen ist dem Menschen eigen und sollte als Gesamtkonzept in der Bildung und Erziehung mehr Beachtung finden. »Durch Denken,
Fühlen und Wollen aktiviert, aktualisiert und strukturiert der Mensch drei Wirk-
lichkeitsweisen seiner Welt. Ohne die Sinne aber könnte der Mensch weder
fühlen, noch wollen, noch denken ...«.[41] Die Sinne sind Vermittler zwischen
Innenwelt und Außenwelt, sie sind die Brücke des Ichs zur Welt, der Welt zum
Ich. Des weiteren sind die über die Sinne entwickelten Gefühle und Wahrnehmungen die »Wurzeln« jeder weiteren Entwicklung. H. Kükelhaus weist
darauf hin, dass eine zerstörte Sinneswelt über eine zerstörte Innenwelt
zwangsläufig zu einer zerstörten Mitwelt führt. Um die gesunde kindliche Entwicklung ganzheitlich zu fördern, müssen Bedingungsrahmen gefunden
werden, die das Kind in seiner Ganzheit mit allen Sinnen und auf allen Wahr-
nehmungsebenen ansprechen, eine kindgemäße Förderung fordert die Beachtung der unterschiedlichen Ein- und Ausdrucksebenen im Gesamtkonzept:

Die kindlichen Ausdrucksebenen

Um eine differenzierte Wahrnehmung – hier den Gleichgewichtssinn – zu
fördern, empfiehlt es sich zu überlegen: Gibt es im Alltag Bewegungs- und
Gleichgewichtsübungssituationen?
Erziehende, die im Sinne der ganzheitlichen Gesundheitspflege das Zusammenspiel und die Einzeltätigkeit der Sinne pflegen und fördern wollen,
können sich, orientiert am Alltagsleben, folgende Fragen/Aufgaben
stellen:

- Wo gibt es im Alltag Spiele, Übungen und Situationen zur Förderung
  des Gleichgewichtssinns?

- Wie können Kinder zum Balancieren, zur Freude an der Bewegung motiviert werden? Wie kann ich als Erziehender dazu motivieren?
- Wie kann ich das Interesse des Kindes an der Bewegung wecken, welche Fragen kann ich als Erziehender stellen, wie kann ich ein Gespräch einleiten?
- Welche Spiele, Übungen, Geschichten, Lieder haben mit dem Gleichgewichtssinn besonders zu tun?
- Wie kann ich zu differenzierten Balanceübungen anleiten?

Die kindlichen Eindrucksebenen
(Lern- und Wahrnehmungsebenen)

- Kognitive Ebene
  Erhält das Kind altersgemäß Informationen, kann es eigene Interessen erkennen, wahrnehmen und pflegen?
- Soziale Ebene
  Hat das Kind die Möglichkeit, in Kontakt zu treten, Freundschaften aufzubauen und zu pflegen, Kommunikation zu trainieren, Konflikte auszutragen?
- Bewegungs-Ebene
  Hat das Kind ausreichend Bewegungsmöglichkeiten?
- Emotionale Ebene
  Erhält das Kind emotionale Zuwendung, wird das Kind beachtet, angesehen, erhält es Anerkennung, An-sehen?
- Kreative Ebene
  Wird das Kind in seiner Kreativität angesprochen, verstärkt?
- Entspannungs-Ebene
  Erhält das Kind ausreichend Entspannungsphasen, um Eindrücke zu verarbeiten?

- Sinnes-Ebene
  Werden die sechs Grundsinne (Hören, Riechen, Schmecken, Gleich-
  gewichtssinn, Sehen und Tasten) in unterschiedlichen Zu-
  sammenhängen in ihren Funktionen gefordert und somit gefördert?
- Atmosphärisch-spirituelle Ebene
  Wird auf die Atmosphäre geachtet, auf einen höflichen, respektvollen
  Umgang? Gibt es Rituale, Feiern, Feste, Raumschmuck etc., die das
  atmosphärische Miteinander fördern?[42]

Eine ausgewogene Beanspruchung der unterschiedlichen Ebenen erhöht die
Chance des bewussten Wahrnehmens und des vertieften Lernens »Je mehr
Wahrnehmungsfelder im Gehirn beteiligt sind, desto mehr Assoziations-
möglichkeiten für das tiefere Verständnis werden vorgefunden, desto größer
werden Aufmerksamkeit und Lernmotivation.«[43] Wird Erziehung und Bildung
als lebenslanger Lern-, Erfahrungs- und Erkenntnisprozess im Sinne einer zunehmend autonomen Sach- und Selbstkompetenz verstanden, so muss die

Chance zur Bildung möglichst selbstbestimmt, demokratisch organisiert, vielseitig, viel-sinnig und kommunikativ sein. »Bildung als Weg des Mündigwerdens gibt es nicht ohne Beteiligung der Sinne, die uns die eigene Lage, Gefühle und Wünsche zur Vorstellung des Verstandes bringen können. Sie sind körperlicher Teil unseres Erkenntnis- und Gestaltungsvermögens.«[44] Eine bewusste Wahrnehmung und Sinnesschulung soll den Menschen als Mitweltwesen in seiner Autonomie und Identität als ganzheitlich erlebendes, lernendes und erkennendes Wesen wieder in den Mittelpunkt der Erziehungs- und Bildungsbemühungen stellen. Die Sinne in ihren wechselhaften Einwirkungen erzählen dem Kind von der Welt.

Die sechs Sinne mit ihren Körperorganen sind wie die sechs Saiten eines Instrumentes, sind einmalig und vielfältig in ihrem Klang. Jede Saite ist wichtig und hat ihren spezifischen Klang, jeder Klang hat seine Wirkung, seinen Wert. Die Töne jeder Saite aber müssen entdeckt, erprobt und zum Klingen gebracht, die Freude am Klang erhalten werden. Die Musik des Lebens, das große Werk »Lebens-Sinn« entsteht im Zusammenspiel der einzelnen Töne. Im Ausprobieren der Klangvielfalt, des möglichen Zusammenspiels, wird sich im Spannungsfeld der Harmonie und Disharmonie die Melodie des Lebens sehr individuell entwickeln.

Im Sinne einer sinnenreichen Gesundheitsförderung und in Anlehnung an ein chinesisches Sprichwort kann der Wunsch formuliert werden:

Solange die Kinder klein sind,
gib ihnen Wurzeln,
den Wurzeln gute Sinnesnahrung,
damit die Kinder,
wenn sie groß sind, kräftige Flügel für einen
gesunden sinnvollen Lebensflug haben.

Literatur

Ayres, Anna J.: Bausteine der kindlichen Entwicklung, Springer Verlag, Berlin 1984.

Antonowsky, A.: Salutogenese. Zur Entmystifizierung der Gesundheit, Dgvt-Verlag, Tübingen 1997.

Aristoteles: Die Nikomachische Ethik. Dtv/Artemis, Düsseldorf 1995.

Beck, Johannes/ Wellershoff, Heide: SinnesWandel – Die Sinne und die Dinge im Unterricht, Cornelsen, Berlin 1993.

Beck, Johannes; In: Zacharias, Wolfgang (Hrsg.): Sinnenreich. Kulturpolitische Gesellschaft, Hagen 1994.

Betz, Felicitas: Die Seele atmen lassen. Kösel, München 1989.

Bibel. Einheitsübersetzung. Herder, Freiburg 1980.

Boff, Leonardo: Die Logik des Herzens. Patmos, Düsseldorf 1999.

Capra, Fritjof: Wendezeit. Bausteine für ein neues Weltbild, Knaur, München 1998.

Dammer, Katharina: Psychologie kindlicher Erkenntnisstrukturen – Grundlage für pädagogisches Handeln? In: Erdmann, Johannes/ Rückriem, Georg/ Wolf, Erika (Hrsg): Kindheit Heute. Klinkhardt, München 1996.

Dühnfort, Erika: Vom Größten Bilderbuch der Welt. Sternbildergeschichten durch das Jahr, Verlag Freies Geistesleben, Stuttgart 1979.

Glöckler, Michaela: Salutogenese. Verein für Anthroposophisches Heilwesen, Bad Liebenzell 2001.

Faulbaum/Ockel (Hrsg.): Sonniges Jugendland. Zickfeldverlag, Hannover 1979.

Feldhaus, Clemens: Lernen mit allen Sinnen. Verlag Dr. Kovac, Hamburg 1995.

Feldenkrais, Moshe´: Bewußtheit durch Bewegung. Suhrkamp, Frankfurt 1968.

Grün, Anselm: Das kleine Buch vom wahren Glück. Herder, Freiburg 2002.

Guski, Rainer: Wahrnehmen. Ein Lehrbuch, Kohlhammer Stuttgart 1996.

Hempel, Marlies (Hrsg.): Lernwege der Kinder. Schneider Verlag, Hogengehren 1999.

Hin, Kuan: Chinesische Massage und Akupressur. Rowohlt, Berlin 1992.

Horster, Detlef: Philosophieren mit Kindern. Leske und Budrich, Leverkusen 1992.

Holtappels, Heinz,Günter: Ganztagsschule und Schulöffnung. Perspektiven für die Schulentwicklung, Juventa, Weinheim 1994.

Innecken, Barbara: Kinesiologie. Kinder finden ihr Gleichgewicht, Don Bosco Verlag, München 2000.

Lutz, Erich/Netscher, Michael: Handbuch Ökologischer Kindergarten. Herder, Freiburg 1996.

Maturana, Humberto R., Verden-Zöller, Gerda: Liebe und Spiel. Die vergessenen Grundlagen des Menschseins. Matristische und patriarchale Lebensweisen. Auer, Donauwörth 1997.

Kahl, Rudolf: Vom Schwinden der Sinne, NDR 1993.

Keller, Helen: Meine Welt. Blind, taub und optimistisch: Leben und Lernen der Helen Keller. Grüne Kraft, 1987.

Krenn, Stefanie: Mut zum Leben. Stapelfelder Schriftenreihe. Cloppenburg.

Kükelhaus, Hugo: Fassen, Fühlen, Bilden. Organerfahrungen im Umgang mit Phänomenen. Gaia Verlag, Köln 1991.

Ders.: Entfaltung der Sinne. Fischer Taschenbuch Verlag, Frankfurt 1984.

Kükelhaus, Hugo, zur Lippe, Rudolf: Entfaltung der Sinne, Fischer Taschenbuch Verlag, Frankfurt 1992.

Löscher, Wolfgang (Hrsg.): Vom Sinn der Sinne. Spielerische Wahrnehmungsförderung für Kinder. Don Bosco Verlag, München 1996.

Ders.: Riech- und Schmeckspiele. Sinnvolle Frühpädagogik. Don Bosco Verlag, München 1997.

Mützelfeld, Wolfgang: Lernen Heißt Lebendig Sein. Konzept für eine Schule in freier Trägerschaft, PrinzHöfte. Zentrum für ökologische Fragen und ganzheitlichem Lernen. 1995.

Pearsall, Paul Kaikena: Aloha die Lust am Leben. Lebenskunst auf polynesisch. Bauer, Freiburg 2000.

Preuschoff, Gisela: Kinder zur Stille führen. Meditative Geschichten, Spiele und Übungen. Herder, Freiburg 1996.

Portmann, Adolf: Primäre Weltsicht des Kindes. 1960.

Rogers, Carl R.: Entwicklung der Persönlichkeit. Psychotherapie aus der Sicht eines Therapeuten. Kösel, München 1979.

Rolff, Hans-Günter, Zimmermann, Peter: Kindheit im Wandel. Eine Einführung in die Sozialisation im Kindesalter. Beltz, Weinheim 1990.

Saint-Exupéry, Antoine de: Der kleine Prinz. Rauch, Düsseldorf 1999.

Schiffer, Eckhard: Wie Gesundheit entsteht. Salutogenese: Schatzsuche statt Fehlerfahndung. Beltz, Weinheim und Basel 2001.

Schneider, Wulf: Sinn und Un-Sinn. Konradin Verlag, Leinfelden-Echterdingen 1995.

Schopenhauer, Artur: Aphorismen zur Lebensweisheit. Insel Taschenbuch, Frankfurt 1976.

Schreier, Helmut (Hrsg.): Mit Kindern über Natur philosophieren. Agentur Dieck, Heinsberg 1997.

Schweitzer, Albert: Die Ehrfurcht vor dem Leben. Beck, München 1997.

Seitz, Rudolf: Phantasie und Kreativität. Don Bosco Verlag, München 1998.

Steiner, Rudolf: Zur Sinneslehre. Verlag Freies Geistesleben, Stuttgart 1984.

Teml, Hubert: Entspannt lernen. Stressabbau, Lernförderung und ganzheitliche Erziehung. Veritas, Linz 6. Auflage 1993.

Vester, Frederic: Denken, Lernen, Vergessen. Was geht in unserem Kopf vor, wie lernt das Gehirn, und wann lässt es uns im Stich? Deutscher Taschenbuch Verlag, München 1997.

Watzlawick, Paul / Weakland, John (Hrsg.): Interaktion. Huber, Bern 1980.

Welt des Kindes, Ausgabe 1 / 2002. Kösel, München.

Winkel, Gerhard: Umwelt und Bildung. Kallmeyersche Verlagsbuchhandlung, Seelze / Velber 1995.

Wilken, Hedwig: Voll Sinnen spielen. Wahrnehmungs- und Spielräume für Kinder. Ökotopia, Münster, 1998.

Dies.: Kinder werden Umweltfreunde. Don Bosco Verlag, München 2002.

Dies.: Sinn-reicher Unterricht, in: Praxis Grundschule 3 / 1998, Westermann, Braunschweig.

Willenborg, Alexandra: Lernpausen mit allen Sinnen gestalten. Hausarbeit, Hochschule Vechta 1998.

Zacharias, Wolfgang: Sinnenreich. Kulturpolitische Gesellschaft, Hagen 1994.

Zimmer, Renate: Handbuch der Sinneswahrnehmung. Herder, Freiburg 1995.

Zitzlsberger, Helga: Ganzheitliches Lernen. Beltz, Weinheim 1995.

Zulehner, Paul M.: Leibhaftig Glauben. Lebenskultur nach dem Evangelium, Herder, Freiburg 1983.

Quellennachweis:

S. 2: © Gütersloher Verlagshaus GmbH, Gütersloh, aus: Janusz Korczak – Worte für jeden Tag

S. 21: © Stephanie Krenn, Stapelfelder Schriftenreihe, Cloppenburg

S. 43: © Verlag Dr. Kovač, Hamburg, aus: Clemens Feldhaus, Lernen mit allen Sinnen. Offene Unterrichtssituationen am Beispiel des Sachunterrichts, ISBN 3-86064-297-9

S. 46: © Don Bosco Verlag, aus: Elli Michler, Dir zugedacht. Wunschgedichte, München, 18. Aufl. 2002

S. 63: © Bruno Horst Bull aus: Faulbaum/Ockel (Hrsg.), Sonniges Jugendland, Zickfeldverlag, Hannover 1979

Anmerkungen

[1] Boff 1999.152

[2] Boff 1999.152

[3] vgl. Schiffer, Antonowsky u. a. in Welt des Kindes 1/2002.

[4] vgl.Glöckler, 2001.

[5] Lindberg in Steiner S.148f.

[6] siehe Dammer, Holtappels, Zimmer u. a.

[7] Grün 2002

[8] siehe Pearsall

[9] in Boff. S.115

[10] Zulehner, 1983

[11] Eph. 5.8, Phil 2

[12] Boff S.116

[13] Freese. in Schreier, 1997. S. 126 f

[14] Adolf Portmann 1960

[15] Schneider. 1995

[16] Keller. 1987 S. 38

[17] Kohut. Über Phantasie. In Seitz, 1998. S. 13.

[18] Keller 1987

[19] siehe Zimmer 1995

[20] Steiner 1984 S. 9–24

[21] Zimmer 1995 S. 54–57

[22] Zitzellege 1995 S. 29 f.

[23] vgl. Willenborg 1988, S. 58

[24] vgl. Ayres 1984, S. 37

[25] Keller 1987, S. 36

[26] Kükelhaus 1982, S. 137

[27] Keller. 30

[28] Kükelhaus, S. 137

[29] Vorlage z. B. in: Löscher 1996

[30] Arbeitsanleitungen für Kräuterspiralen u. a. in Lutz/Netscher 1996, S. 189 f.

[31] Winkel in Schreier 1997.

[32] Schneider 1995, S. 17

[33] Guski 1996, Zimmer 1995

[34] Schopenhauer 1976, S.12

[35] Watzlawik u. a.

[36] Dühnfort 1979, S. 138

[37] Betz, 1989, S. 35

[38] Vester 1997, Zimmer 1995, Teml 1993

[39] Teml, 1993

[40] Vester 1997, S. 51

[41] Schneider 1987, S. 42

[42] Wilken 1998, S. 19

Basiswissen und kreative Ideen zur Ernährungserziehung

Dagmar Rohlfing / Susanne Brandt
Kursbuch Ernährungserziehung

ISBN 3-7698-1374-X
138 Seiten, kartoniert, illustriert

Die in der Kindheit erlernten Essgewohnheiten prägen den Menschen ein Leben lang. Neben der Familie ist die Kindertageseinrichtung der Ort, an dem Kinder gesunde Ernährung lernen können. Die Kinder erleben, wie unsere Lebensmittel wachsen und wie sie umweltverträglich hergestellt werden. Vor allem der sinnliche Genuss und das Gemeinschaftserlebnis sind beim Essen wichtig.

Das KURSBUCH ERNÄHRUNGSERZIEHUNG bietet umfangreiche Basisinformationen zur kindlichen Entwicklung, zu sozialen Aspekten des Ernährungsverhaltens, zu Nährstoffverteilung und Lebensmitteln und zur Zahngesundheit. Darüber hinaus beinhaltet es zahlreiche praktische Anregungen und Ideen für Rezepte, Spiele, Lieder, Geschichten, Aktionen und Exkursionen, die Kinder ganzheitlich an eine gesunde Ernährung heranführen.